누가
그
진리를
죽였는가

IVP(InterVarsity Press)는
캠퍼스와 세상 속의 하나님 나라 운동을 지향하는
IVF(InterVarsity Christian Fellowship)의 출판부로
생각하는 그리스도인을 위한 문서 운동을 실천합니다.

Truth and Authority in Modernity
Copyright ⓒ 1996 by Lesslie Newbigin
Translated by permission of Trinity Press International
P. O. Box 851 Valley Forge, PA 19428-0851 U. S. A.
All rights reserved.

Korean Edition ⓒ 2005, 2011 by Korea InterVarsity Press
156-10 Donggyo-ro, Mapo-gu, Seoul 04031, Republic of Korea

누가 그 진리를 죽였는가

레슬리 뉴비긴
홍병룡 옮김

Ivp

- 이 책은 2005년에 출간된 「포스트모던 시대의 진리」 개정판입니다.

차_
례_

1, 하나님의 권위 7

현대는 권위를 의심한다 / 포스트모더니즘의 반동 / 외적 권위와 내적 권위
오직 은혜로 / 오직 믿음으로

2, 하나님 권위의 매개체 37

성경 / 전통 / 이성 / 경험

3, 현대적 상황에서 하나님의 권위를 증언하다 83

인용 문헌 109

1
하나님의 권위

만일 우리가 속해 있고 또 탐구하려는 실재(reality)가 인격적 창조주의 작품이라면, 권위는 당연히 그 창시자에게 있는 법이다. 반면에 이 실재가 그 자체의 진행 과정—가령, 최강자가 살아남는 생존 투쟁—이 낳은 결과라면, 권위란 더 우세한 힘을 묘사하는 한 방식일 뿐이다. 여기서 힘과 권위는 동일한 것이 된다. 기독교 전통은 물론 전자의 입장을 견지한다. 권위가 모든 존재의 창시자인 그분 안에 있다는 말이다. 그리고 인격적 존재를 알 수 있는 것은 그 존재가 스스로를 계시하고자

할 때에만 가능하지, 비인격적 물질이나 작용을 탐구하는 방식으로는 불가능하므로, 권위는 하나님의 계시에 철저히 의존한다. 근대성(modernity)은 이러한 권위를 수용하기를 거부했다.

마태복음 첫 부분을 보면, 예수께서 이스라엘 백성에게 다음과 같은 형식을 빌려 가르친 것으로 나와 있다. "예전에는 너희가… 하였다는 것을 들었으나, 나는 너희에게 이르노니…." 청중은 서기관들과 달리 권위를 가지고 말씀하시는 예수님의 모습에 깜짝 놀랐다. 그리고 바로 직후에 예수님은 권위 있는 한 마디 말로 나병환자를 고치신다. 서기관들의 가르침은 토라의 권위에 기초해 있었지만 예수님은 그런 참고 문헌에 기댈 필요가 없는 자처럼 가르쳤다. 왜냐하면 그분 자신이 궁극적 권위였기 때문이다. 권위에 관한 기독교의 가르침은 바로 이 점에 근거를 두고 있다. 물론 이 권위가 오늘날 기독교 공동체의 삶에 어떻게 매개되는지에 대해서는 과거에나 현재나 의견이 아주 분분하지만 말이다. 이에 관해서는 2장에서 다룰 예정이다. 1장에서는 이 같은 기독교의 핵심 주장을 거부하는 근대의 특징을 다룰 예정이다.

권위에 대한 근대의 의심

먼저 이 책의 목적을 유념하면서 내가 전제로 삼고 있는 것부터 밝혀야겠다. 여기서 '근대성'이란 말은 근대 이래 유럽 지성계를 지배하게 된 사고방식, 그 뿌리는 오래 전까지 거슬러 올라가지만 곧 계시와 전통을 권위의 원천으로 받아들이길 거부하는 사고방식을 가리킨다. 단, 근대성은 계시와 전통이 개인의 이성 및 양심의 법정에서 스스로를 정당화할 수 있다면 수용할 수 있다는 입장을 편다. 근대적 견해에 따르면, 진리에 관한 믿을 만한, 그래서 권위가 있는 지식은 이른바 계시에 대한 믿음으로 얻는 것이 아니라, 사실의 관찰과 그에 대한 엄밀하고 비판적인 성찰을 통해 찾아야 한다. 근대성의 전형적인 예로는, 믿음을 "지식에 못 미치지만 우리 자신의 정신(mind)을 설득하는 것"(폴라니, 「개인적 지식」, 407쪽)으로 묘사한 존 로크의 정의를 들 수 있다. 이와 대조적으로, 아우구스티누스는 "나는 알기 위해서 믿는다"(credo ut intelligam)는 유명한 말을 남겼다. 여기서 믿음은 지식에 대한 대안이 아니라, 지식에 이르는 길로 이해된다. 무엇인가를 믿지 않고는 어떤 것도 알 수 있는 길이 없다는 뜻이다. 무엇인가를 처음으로 배울 때 우리는 감각이 보여 주는 증거, 교사들의 진실성, 전통의 타당성 등을 믿는 것으로 시작할 수밖에 없다. 어느 단계에 이르면 이 모든 것을 의심해야 할지 모르지만, 의심하는 일도 첫 단계를 통해 알게 된 것에 근거하여 이루어진다. 어떤 지식을 처음 습득할 때, 사전에 어떤 조건들을 미리 설정해 놓고 지식을 받아들이는 것은 아니다. 우리는 우리 자신보다 더 큰 실재를 대할 때, 심판관이 아니라 철저히 학생의 자세로 열린 태도를 품고 시작하지 않으면 안 된다.

그런데 유럽 기독교의 역사를 훑어보면, 그리스 합리주의 전통에서 나오는 또 다른 강력한 흐름이 항상 있었음을 알게 된다. 이 흐름은 10세기와 11세기에 아리스토텔레스에 대한 이슬람의 대단한 주석작업이 라틴어로 번역되면서 크게 촉진되었다. 잘 알려졌다시피, 이것은 서유럽의 사상에 지대한 영향을 미쳤고 대학의 탄생과 '신(新)과학'의 발흥을 낳았다. 그것이 현재의 논의와 관련하여 중요한 점은, 그와 같은 배경에서 토마스 아퀴

나스의 대작이 탄생했다는 사실이다. 그는 기독교 전통을 이 새로운 지적인 분위기에 비추어 재진술했는데, 그 내용 중 하나는, 이성의 작용만으로 알 수 있는 것들과 계시 및 믿음으로만 알 수 있는 것들을 서로 구별한 일이다. 전자에는 하나님과 영혼의 존재에 대한 지식이 포함되고, 후자에는 삼위일체, 성육신, 속죄와 같은 것들이 포함된다. 이것이 이후로 서구 교회의 모든 사상에 미친 영향은 아무리 강조해도 지나치지 않다. 예수회 신학자 마이클 버클리(Michael Buckley)는 이것을 근대 무신론의 기원으로 본다. 하나님의 존재를 증명하는 논증은 언제나 깨지기 쉽다. 버클리는, 교회가 믿음의 확신을 심어 주기 위해 예수 그리스도 안에 주어진 것을 의존하기보다, '그 철학자'(아리스토텔레스)의 도움을 끌어들인 것이 치명적인 실수였다고 주장한다.

이 치명적 실수로 인한 결과가 아주 뚜렷이 나타난 것은, 갈릴레오와 코페르니쿠스와 케플러가 열어 놓은 획기적인 우주론으로 말미암아 엄청난 사상의 혼란이 일어났을 때였다. 그때까지만 해도 확실하다고 생각되었던 것이 모두 뒤집어지기 시작했다. 도대체 하나님이나 영혼과 같은 것이 존재한다고 어떻게 확신할 수 있을까? 이처럼 지극히 불확실하고 회의적인 분위기 속에서, 데카르트가 로마 가톨릭 교회의 추기경으로부터 하나님과 영혼의 존재에 대한 확실한 논증을 개발하라는 임무를 부여받았다. 그가 이 임무를 어떻게 수행했는지는 우리가 잘 알고 있다.

데카르트는 먼저 자신의 생각하는 마음(mind)의 존재에서 확실성을 찾았고, 그 위에 수학과 같이 명료함과 확실성(indubitability)을 지닌 논리적 논증을 세우려고 했다. 여기서 내 관심은 그런 논증이 아니라 그 전반적인 프로젝트에 있다. 이는 하나님의 존재를 증명하되 그분의 자기 계시로 우리에게 주어진 것들보다 더 믿을 만한 어떤 근거가 있다고 가정하는 입장이다. 이런 입장을 어떻게 이해해야 할까? 만일 하나님이 정말 존재한다면, 하나님의 피조물 중 하나가 나서서 하나님께, "제가 당신이 스스로에 대해 말씀하시는 내용에 기대지 않고 당신의 존재를 증명할 수 있습니다"라고 말하는 것보다 더 웃기는 일이 있겠는가? 그리고 (다시 한 번, 하나님이 정말 존재한다면), 이 피조물이 자기가 제시한 그 증명을, 신적 계시에 주목하는 데 꼭 필요한 근거로 간주한다면, 그것은 더더욱 어불성설이 아니겠는가? 그러나 그것이야말로 자연신학을 성경이 증언하는 바 그리스도 안에 나타난 하나님의 자기 계시를 연구하는 데 꼭 필요한 서론으로 여긴 오랜 전통의 참 모습이다.

 오늘에 와서야 분명해진 것은, 그 이후의 유럽 사상을 지배해 온 데카르트의 방법이 그 안에 이미 자기 파괴의 씨앗을 품고 있다는 점이다. 이 방법이 낳은 필연적 결론은 그 유명한 '비판적 원리'(critical principle)이다. 믿을 만한 지식에 도달하려면, 의심할 수 없는 지점(indubitable certainty)에서 출발한 다음에 그 위에다 수학적 명료함과 확실성을 지닌 논증을 세워야 한다는 것이다. 믿을 만한 지식—이후로는 과학이란 단어로 표현되는—은 수학을 그 실행 언어로 삼는다. 이 확실한 지식의 범위에서 벗어나는 것은 모두 의심받아 마땅하다. 지식이라 주장하는 것은 모두 이 비판적 의심의 불길을 지나야 하는데, 그렇게 해야 단순히 믿음을 의지한 지식과 확실히 증명될 수 있는 지식을 서로 구별할 수 있기 때문이다. 이렇게 해서 아우구스티누스의 명언이 거꾸로 뒤집어진 셈이다. 지식에 이르는 길은 믿음이 아니라 의심이다. 근대의 일반 언어에서 '정직한 의심'은 '맹목적 믿음'과 뚜렷이 대조된다.

포스트모더니즘의 반동

데카르트의 프로그램이 본래 자기 파괴적인 이유는, 의심이란—그것이 합리적이려면—참이라고 믿는 그 무엇에 의존하지 않으면 안 되기 때문이다. 만일 내가 "나는 명제 P를 의심한다"라고 말하고 나서, 그 이유를 밝히라는 요구를 받는다면, 나는 다음 둘 중 하나로 대답할 수밖에 없을 것이다. "나는 Q를 믿는데, Q는 P와 양립할 수 없기 때문"이라고 하든가, "P가 증명되지 않았기 때문"이라고 응답해야 한다. 후자의 경우는, P가 참이나 거짓으로 입증될 수 있는 어떤 근거가 있다고 믿는 나의 믿음을 함축하고 있다. 두 경우 모두, 나의 의심은 어떤 믿음이 역할을 함으로써만 합리적이 된다. 분명히 믿음과 의심은 앎에 있어서 각각 필요한 역할을 갖고 있다. 그런데 의심의 역할도 필요하긴 하지만 그것은 어디까지나 부차적이고, 믿음의 역할이 일차적이다. 의심 없이 아는 것은 가능하지만, 믿음 없이 알 수 있는 길은 없다. 지식을 추구할 때 의심을 일차적 도구로 삼으라는 데카르트의 권고는 회의주의에 승리를 안겨 줄 수밖에 없었고, 결국에는 니체의 예견과 같이 허무주의로 귀결되었다. 그 권고가 믿음에 의존하지 않는 그런 유의 명백한 확실성을 요구했고, 결국은 아무것도 알 수 없다는 절망의 구렁텅이를 피할 수 없었다.

우리는 현재 니체가 예견한 그런 상황에 처해 있다. 즉 합리적 논증이 종말을 고하고, 오직 권력과 권력에의 의지가 결정적 역할을 하는 그런 상황 말이다. 근대 유럽 사회의 영광이요 아직도 가장 강력한 힘을 발휘하고 있는 과학조차도, 더 이상 지혜에 이르는 길, 곧 인간 상황에 대한 참된 이해에 도달하는 길로 여겨지지 않는다. 오히려 권력에 이르는 도구로 여겨질 따름이다. 오늘날 펼쳐지는 과학 분야의 활동을 종합해 보면, 권력을 추구하는 부문(군사적, 산업적, 상업적 연구)이 다른 어떤 영역보다도 크다. 오늘날 유럽 사회의 여러 영역(문학, 드라마, 예술, 음악 등)에서 나오는 작품들에는 허무주의 색채가 전반적으로 깔

려 있다. 누구든 자기가 진리를 알고 진리를 말하고 있다고 주장한다면, 그것은 자기가 그러한 주장이 나온 사회영역을 지배하고 있다는 소리로 간주된다. 우리 사회에는 푸코가 말하는 소위 '진리 체제들'(regimes of truth)이 연이어 나타나고 있는데, 한 체제가 등장하면 다음 체제에 의해 전복될 때까지 힘으로 경쟁적인 소리들을 억누르곤 한다. 이를 뛰어넘는 진리란 존재하지 않는다. 개인적인 차원에서는 이것이 나르시시즘, 곧 자아의 내적 역사와 자기 개발에 골몰하는 강박증으로 나타난다.

여기에는 아주 깊은 아이러니가 있다. 사실상 허무주의와 나르시시즘으로의 퇴락은 신적 계시를 믿어서 얻는 그런 지식과 구별되는 확실한 지식을 추구한 결과로 초래된 것이기 때문이다. 하지만 성경과 기독교 전통에 서 있는 이들은 이 이야기가 그리 놀랍지 않다. 하나님이 우리 자신을 비롯한 만물의 창시자라는 입장이 옳다면, 그와 다른 것을 출발점으로 삼는 지식은 모두 혼돈으로 끝날 수밖에 없을 것이다. 하나님의 자기 계시가 지닌 권위보다 더 앞서고 더 기본적인 권위를 찾으려는 노력은 실패로 끝날 수밖에 없다. 이 진술은 물론 자연신학이라 불리는 것과 직접적인 관계가 있지만, 그것을 훨씬 뛰어넘어 인간의 앎 전반에 적용되는 것이다.

R. A 클라우저(Clouser)는 「종교적 중립의 신화」(*The Myth of Religious Neutrality*)에서, 위대한 과학 이론들이 해당 분야에서 어떻게 궁극적이고 근본적인 것에 대한 모종의 믿음을 출발점으로 삼고 있는지 설득력 있게 보여 주었다. 달리 말해서, 과학 이론들은 종교인들이 '신'이라 부르는 것에 해당하는 어떤 믿음에서 출발한다. 그리고 정의에 따라서 그 출발점은 어떤 종류의 선험적인 증거에 의해서도 타당성이 입증될 수 없다. 그것은 오직 성과로만 입증될 수 있을 뿐이다. 하나님이 예수 그리스도를 중심으로 하는 인류 역사를 통해 스스로를 계시하신 것처럼 만일 궁극적이고 근본적인 실재가 하나님이란 것이 참이라면, 이와 다른 출발점을 가진 이론들 그리고 우주에 대한 포괄적 해석을 제공한다고 주장하는 이론들은 하나의 환상으로 끝날 수밖에 없다. "여호와를 경외하는 것이 지식의 근본"이라는 성경 말씀은 흔히 생각하는 것보다 훨씬 폭넓은 중요성을 갖고 있다. 사실 이 진술을 완전히 이해할 수만 있다면, 이 한 문장으로 근

대성의 중심 논제를 완전히 전복시킬 수도 있다.

외적 권위와 내적 권위

근대성은 권위를 불신한다. 근대성은 외적인 권위로 보이는 것들에서 벗어나려는 움직임 가운데 태어났고, 서로 경쟁하는 진리 주장들을 판단할 때 개인적 이성과 양심의 자유 및 책임에 의거하라고 호소한다. 칸트의 유명한 말을 빌리자면, 그것은 "감히 알려고 도전하라"는 말을 표어로 삼아 왔다. 물론 이 말은 여러 상황에서 아주 중요한 역할을 할 수 있다. 그저 바깥으로부터 부여되었다고 해서 모든 권위가 참된 권위인 것은 아니다. 우리는 본질상 어떤 것이 옳은지 혹은 참인지를 스스로 알고 싶어 한다. 그러나 개인적 판단의 자유를 실재에 이르는 유일한 안내자로 여길 경우에는 곤경에 빠지게 된다. 이런 이야기가 있다. 이탈리아의 피렌체에 있는 우피치 미술관을 방문한 방문객이 그곳을 둘러본 다음에 밖으로 나오면서, 청소부에게 "볼만한 게 별로 없더군요" 하고 말하자, 그가 "여기서 심판대에 오르는 것은 작품들이 아니라 방문객이지요" 하고 대답했다고 한다.

설사 우리가 판단의 자유를 주장한다 하더라도, 우리가 판단을 내릴 때 우리 자신도 판단을 받게 된다는 것을 알아야 한다.

또 다른 이야기를 보자. 미술관에 전시된 작품들을 평가 기준에 따라 한 개, 두 개 혹은 세 개의 별표로 표시하는 안내서를 들고 그곳을 둘러본 방문객이 있었다. 그는 작품을 하나씩 보고 이어서 안내서의 소개 글을 읽은 다음에, "좋아", "멋있어", "놀라워" 등과 같은 말을 되뇌곤 했다고 한다. 우리가 판단을 내릴 때 우리 자신도 판단을 받지만, 우리는 개인적 판단을 내릴 책임을 피할 수 없다. 그리고 나의 개인적 판단은, 내가 아직도 더 배울 게 있다는 점을 인정하는 잠정적인 것이어야 한다. 내 판단이 최종 결론은 아니다. 나는 내가 미처 이해하지 못한 것에 대해 열려 있어야 한다. 이런 의미에서 권위는 외적인 것이어야 한다. 즉 그것은 나 자신을 뛰어넘는 어떤 실재다. 그러나 그것이 내게 권위를 지니려면, 내가 그 권위를 인정하게 되어야만 한다. 그것이 내면화되어야 한다는 뜻이다.

여기에 함축된 의미는, 우리 인간은 우리가 연관된 실재에 대해 그것을 보고 배우는 자, 곧 견습생으로서 관계를 맺어야 옳다는 것이다. 우리의 모든 지식은, 우리가 견습생의 신분으로 이전 세대들의 노력으로 형성된 앎의 전통을 배움으로써 형성된다. 이 전통이 우리가 세계를 이해하는 데 필요한 정신적 능력의 원천이다. 이런 의미에서 전통은 권위를 갖고 있다고 할 수 있지만, 그것이 순전히 외적이기만 한 권위는 아니다. 우리는 전통이 제공하는 도구들을 힘입어 세계를 이해하려고 노력함으로써 그 전통을 내면화할 책임이 있고, 이 과정에서 전통 자체도 발전하고 또 변하게 된다. 따라서 우리에게 두 가지가 필요한데, 하나는 전통에 대한 존경심이고, 다른 하나는 그것을 새로운 환경에 적용하기 위해 우리 스스로 판단을 내리는 용기다. 전통에 의존하지 않은 채 순전히 자신의 관찰력과 추론 능력만으로 지식의 금자탑을 쌓을 수 있다는 생각은 한갓 환상에 불과하다. (이런 생각이 근대성의 형성 과정에 있었던 것이 분명하다.) 우리는, 어떤 진리 주장을 수용할 수 있는 조건을 사전에 규정할 수 있는 위치에 있지 않다.

오직 은혜로

권위가 외적 성격과 내적 성격을 겸비해야 한다는 말은 어떤 함의를 갖고 있을까? 세속적 지식이 아니라, 하나님에 관한 지식과 하나님의 권위에 대한 인식에 그와 같은 태도로 접근한다면, 일종의 펠라기우스주의로 빠지지 않을까? 하나님의 권위를 인식하는 데 우리도 기여해야 하기 때문에 그분이 주권적인 존재가 아니라는 뜻인가? 우리는 하나님의 계시를 논할 뿐 아니라, '계시를 받을 만한 인간의 역량'에 관해서도 이것이 없으면 신의 계시가 쓸모없게 된다는 식으로 말해야 하는가? 이 지점이 바로 1930년대에 치열하게 불붙었던 바르트와 브루너의 유명한 논쟁이 일어난 장소다. 적어도 앵글로 색슨 세계에 있던 다수는 브루너의 입장이 보다 합리적이고, 바르트의 분노에 찬 '아니오'가 비합리적이라고 생각했다. 바르트에게는, 하나님의 계시를 인식하고 수용하는 역량, 곧 믿음 자체가 하나님의 선물이지 인간의 공로가 아니라고 주장하는 일이 생사의 문제였다. 이것은 근대성의 심장을 찌르는 그 무엇이었다. 이는 인간의 자유와 책임을 향한 직접적인 공격과 같았던 것이다.

 이것과 연관된 이슈들을 제대로 파악하려면, 이제까지의 논증에서 무시해 온 인간 상태의 한 차원을 고려하지 않으면 안 된다. 권위에 대한 근대적 이해와 기독교적 견해 사이에는 지금까지 시사한 것보다 더 큰 간격이 있다. 이제까지 논의에서는 인간의 지식 탐구가 사심이 배제된 활동이라는 전제가 있었다. 어떻게 보면 인간의 진리 탐구는 너무나 자연스러운 활동인 것이다. 다른 동물들도 이 점에서 마찬가지다. 동물들은 어디가 안전한지 그리고 어디서 먹이를 구할 수 있는지를 알기 위해 주변 환경을 탐색할 필요가 있다. 인간으로 하여금 이 세계가 어떤 모습인지를 알려고 노력하게 만드는 타고난 호기심도 이와 비슷한 것이다.

 그러나 만일, 기독교 전통이 주장하듯이, 사람은 동물과 달리 하나님의 형상으로 만들어졌기 때문에 하나님을 예배하고 사랑할 때만 만족을 느낄 수 있는 존재라면, 하나님의 은혜에 기대지 않으면서 하나님에 관한 지식을 탐구하는 일은 실패로 끝날 수밖에 없다. 인간이 처한 상황도, 기독교 전통이 말하는 '타락'을 제대로 고려하지 않으면 완전히 오해할 수밖에 없을 것이다. 인간을 향한 하나님의 본래 목적은 그들이 하나님의 선함을 믿고 그 믿음 가운데 사는 것이다. 하나님의 의도는 인간이 오직 선(善)만 아는 것이었다. 인간의 이야기를 얼룩지게 만든 모든 타락의 뿌리는, 과거에나 현재나, 인간 스스로 선과 악을 모두 경험하고 인간이 감당할 수 없는 위치를 가로채려고 하는 결단이다. 달리 말하면, 인간이 선과 악 사이에 공평한 중재자가 되겠다는 것이다. 그러나 인간은 아무리 이 위치를 차지하고 싶어도 그럴 수 없기 때문에 불안에 휩싸이게 된다. 인간은 확실한 지식을 추구하지만, 그 추구에는 동물의 타고난 호기심과 같은 순수성이 없다. 인간은 하나님이 결코 허용하지 않으시는 안전을 추구한다. 사실 진정한 안전은 오직 하나님과 그분의 값없는 은혜 안에 있을 뿐이다. 은혜와 상관없이 확실성을 추구하려던 노력은, 우리가 살펴본 것처럼, 심각한 용기의 상실, 진리를 알 가능성에 대한 극단적인 회의를 낳았다. 인간은 자신 속에 갇혀 버린 셈이다.

이것이 실로 인간이 처한 상황이라면, 하나님의 자기 계시는 구속(救贖)과 용서의 행위일 수밖에 없다. 그것은 그저 바른 정보를 전달하는 것을 훨씬 넘어서는 행위다. 그리고 바로 이 구속과 용서의 행위가 믿음의 가능성을 창출하는 것이다(이를 새로운 창조라 부른다). 여기서 우리가 단지 이성적인 인간들 사이의 정보 전달만 생각한다면, 청취자 곧 수신자가 그 전달된 문제에 대해 개인적 판단을 내리는 것이 물론 옳다. 하지만 만일 그것이 나에게 상처입은 피해자가 주도적으로 나를 소외된 상태에서 구출하려고 하는 행위라면, 내가 반응할 수 있게 만드는 것은 바로 그 행위다. 신약 성경이 거듭해서 증언하듯이, 실로 이 새로운 창조(new creation)는 엄연히 존재하고 있으며, 이 새 창조의 창시자는 궁극적 권위일 수밖에 없다. 그 구세주의 권위를 입증할 만한 근거를 다른 곳에서 찾는 일은 그 구속 행위를 거부하는 것이다.

이런 말을 하면 '근대적' 지성에 심한 적대감을 불러일으키는 줄 알지만, 우리는 이와 같은 대립을 피할 수 없다. 이 계시의 권위를 수용할 만한 근거를 다른 데서 찾고자 하는 모든 시도는 실패하기 마련이다. 그 권위를 전달하는 유일한 방법은 복음 그 자체를 전하는 일이다. 우리가 이미 언급한 것처럼, 예수님의 말씀을 들은 자들에 따르면, 그분의 서기관들과 달리 권위를 갖고 말씀하셨다고 한다. 서기관들의 가르침은 토라(율법)의 권위에 기초할때만 권위가 있었다. 예수님은 자기 권위를 토라에 두지 않았을 뿐 아니라 그분의 말씀과 사역은 모두 아버지 하나님의 말씀과 사역이었다. 그렇다고 인간이 판단해야 할 책임이 면제된다는 말은 아니다. 예수님은 자기 말을 듣는 청중에게 "왜 너희는 무엇이 옳은지 스스로 판단하지 않느냐?" 하고 묻는다. 우리가 타락 이전의 순수한 상태로 돌아간 것은 아니다. 그리고 여전히, "나를 보내신 아버지께서 이끌지 아니하시면 아무도 내게 올 수 없다." 하나님의 자기 계시에 대한 믿음은 하나님의 선물이지, 인간의 자율적 이성과 양심이 이룩한 업적이 아니다.

오직 믿음으로

이와 같은 맥락에서 볼 때, 우리는 자연 신학을 신랄하게 공격한 칼 바르트의 열정을 이해할 수 있다. 버클리의 판단, 곧 '그 철학자'(아리스토텔레스)를 불러 계시의 권위를 승인하도록 할 때 기독교 신학이 치명적인 실수를 한 것이라는 그의 주장에 공감할 수 있다. 만일 계시가 본래 하나님에 관한 정보 전달이라면, 그 계시를 파악할 수 있도록 돕는 인간 지성과 양심의 타고난 역량에 관해 언급하는 일은 적절할 것이다. 하지만 만일 계시가 일차적으로 구속과 화해의 행위라면, 만일 우리가 단지 정보에 관해서가 아니라 성육신과 그에 담긴 헤아릴 수 없는 희생에 관해 언급하고 있다면, 그런 논의는 부적절하다.

바르트의 비유를 빌리자면 이렇다. 가령 내가 물에 빠져 죽어가고 있는데, 어떤 사람이 자기 생명을 무릅쓰고 나를 구한다고 하자. 그런데 만약 내가 두 배로 무거웠다면 그가 나를 끌어올릴 수 없었을 것이라며, 마치 내가 그 구출에 일익을 담당했다는 식으로 주장한다면, 이는 참으로 어처구니없는 일이다. 이제 이런 주장은 옆으로 제쳐놓고, 설사 우리가 계시를 하나님에 관한 지식 전달로 생각한다 하더라도, 우리는 자연신학의 도움을 받아 이 지식에 확신을 더할 수 있다는 주장을 거부해야 한다. 한 가지 분명한 점은, 자연신학이 그 존재를 증명한다고 주장하는 그 '신'은 성경이 제시하는 성품을 지닌 하나님이 아니고, 우리 주 예수 그리스도의 아버지 하나님도 아니며, 삼위일체 하나님(the Blessed Trinity) 또한 아니기 때문이다. 그 '신'은 인간의 생각이 꾸며낸 것이요, 따라서 우상의 본성을 갖고 있다는 점을 부인하기 어렵다. 그렇다면 우상숭배가 참 하나님을 예배하는 길로 인도하는지, 아니면 그 길을 위협하는지 물어 보아야 할 것이다. 만일 우리가 '그 철학자'나 그의 여러 후계자들이 제공한 추론을 출발점으로 삼는다면, 진정한 성육신의 가능성을 수용하기 어렵고, 삼위일체를 미혹의 교리 이상으로 생각하는 게 거의 불가능해진다. 만일 이것이 사실이라면, '자연신학'을 통해서 얻는 하나님에 대한 지식은 부분적인 지식일 뿐 아니라, 우리를 오도하는 왜곡된 지식이라고 말해야 하지 않을까?

  오늘날에는 합리적 사고가 우리에게 종교적 신념에 대해 중립적이이며 신뢰할 수 있는 종류의 지식을 제공해 줄 수 있고, 그래서 역사에 나타난 하나님의 계시 및 구속 행위에 의지하지 않고도 하나님에 관한 지식의 든든한 토대를 제공할 수 있다고 생각하는 사상이 아주 널리 퍼져 있다. 우리는 이런 사상을 간파하고 거부해야 한다. 그것이 말하는 중립성은 사실상 중립성이 아니다. 앞서 지적한 바와 같이, 우리의 총체적 경험에 관한 인간의 모든 체계적 사상은 궁극적이고 근본적인 것―물질, 정신, 생명, 이성 등―에 관한 모종의 믿음을 출발점으로 삼기 때문이다. 중립적 입장은 존재하지 않는다.

자연신학은 믿음에만 의존하지 않아도 되는 그런 안전을 제공하는 듯이 보이기 때문에 유혹하는 힘이 매우 강하다. 심지어 헌신된 복음주의 그리스도인들 중에서도, 의심할 수 없는 확실성을 보유하고 있다고 주장하는 그런 합리주의적 입장을 흔히 찾을 수 있다. 그런데 이것은 적의 함정에 빠지는 꼴이다. 마이클 폴라니가 아인슈타인의 말을 풀어서 표현했듯이, 오직 의심이 가능한 진술만이 실재와 접촉할 수 있다. 하나님을 아는 지식은 믿음의 문제다. 그 믿음은 하나님이 주신 은혜의 선물이다. 우리는 눈에 보이는 것이 아니라 믿음으로 걷는다. 우리가 의심할 수 없는 지식을 소유하고 있는 게 아니고, 우리가 지금 아는 것처럼 장차 알게 될 그날을 기대하며 믿음의 길을 헤치고 나아

가는 것이다. 예수 그리스도 안에 나타난 하나님의 자기 계시가 우리에게 주는 것보다 더 믿을 만한 확신의 근거를 주겠다는 자연신학은 믿음에 도움이 되기는커녕 오히려 믿음을 전복시킨다.

이와 같은 입장에 대한 반론은 크게 두 가지다. 첫째 반론은 이것을 신앙주의(fideism)라고 비난한다. 이 용어는 이제껏 적대적인 의미로 사용되었는데, 아우구스티누스와 반대되는 어떤 인식론에 기초해서 그런 반발을 하는 것 같다. 그 인식론은 앎의 문제에 있어 믿음을 필수 요소로 불러오는 입장은 당연히 지식을 배제한다고 추정하는 그런 인식론이다. 그런데 이런 추정의 오류를 밝히는 일은 별로 어렵지 않다. 모든 앎은 신앙적 헌신에 기초하고 있으므로, 누군가가 자연신학을 계시를 이해하는데 필요한 예비 과정이라 주장할 때는, 그 신학을 뒷받침하는 (아마 검토되지 않은) 신앙적 헌신을 노출시켜야 한다. 이 비판은 때로 '신앙의 도약'(a leap of faith)이라는 용어를 사용하는데, 마치 자연신학을 배격하면 미지의 영역으로 비합리적 도약을 하는 길밖에 없는 것처럼 말한다. 그러나 이 비판은 핵심을 놓치고 있다. 지금 우리가 논하고 있는 것은 미지의 영역으로의 비합리적 도약에 대해서가 아니고, "나를 따르라"는 인격적 초대에 대한 책임 있는 수용에 관한 것이다. 여기서 따르는 행위는 믿음의 행위이지, 부르는 자를 지적으로 신뢰할 수 있는지, 또 그 결과는 어떠할 지에 대한 합리적인 계산 행위가 아니다. 하지만 이것은 또한 비합리적 행위도 아니다. 우리는 이 세상에서의 인간 존재를 둘러싼 총체적 신비를 이해하는데, 이 인격적 초대보다 더 믿을 만한 실마리가 있다고 추정하는 그런 철학이 과연 믿을 만한지 그 철학의 신뢰성에 의문을 제기해야 마땅하다.

또 다른 반론은 이런 식으로 제기된다. 만일 예수를 따르는 신자가 품는 믿음이 하나님의 선물이라면, 하나님이 이 선물을 일부에게는 허락하지만 다른 이들에게는 허락하지 않는 것이 너무 독단적이지 않은가? 이에 대해서는 다음과 같이 응답할 수 있을 것 같다. 만일 이와 같이 하나님이 부르시고 또 그에 응답하도록 믿음의 선물을 주실 때, 단지 상대방이 그 부름에 따른 혜택을 받게 할 목적으로 그렇게 하셨다면, 그것은 독단적 행동으로 비난받을 만한 여지가 있을 것이다. 그러나 성경이 분명히 밝히듯이, 그렇게 부름 받은 자들은 자기 자신을 위해서가 아니라 타인을 향해 이 부름을 전하는 사신(messengers)이 되라고 부름 받은 것이므로, 그런 비난은 타당성이 없다. 둘째, 우리가 비록 여기서 우리의 능력을 벗어나는, 하나님이 자기 뜻대로 누구든지 부르실 수 있는 그분만의 자유를 탐구하고 있음을 인정해야 하지만, 그리스도 안에서 새로운 창조의 일부가 된 사람들은 그런 소명이나 믿음을 자기를 내세우는 근거로 사용하지 않을 것이다. 나 자신의 경험만 보더라도, 내가 그리스도를 믿게 된 경위는 나로서는 도저히 이해할 수 없을 만큼 신비로운 것이었다고 고백하지 않을 수 없다. 나는 그것이 측량할 수 없는 하나님의 은혜였다고 말할 수 있을 뿐이다. 물론 거기에 개인적 결단―혹은 일련의 결정들―이 개입된 것은 사실이다. 하지만 이런 것은 그 크고 놀라운 하나님의 은혜에 비하면 그야말로 지푸라기에 불과하다.

지금까지 소위 자연신학이라 불리는 것에 대해 주로 비판을 했으므로, 무언가 긍정적인 면도 얘기해야겠다. 자연신학이 열심히 탐구하는 영역을 반대방향에서 탐구하는 것은 꽤 적절하고 의미도 있다. 말하자면, 예수 그리스도 안에 나타난 계시로부터 시작하여, 거기에 담긴 철학적 함의를 탐구하는 일이 가능하고 또 필요하다는 뜻이다. 사실 기독교를 변증할 때 이런 작업이 필요한 경우가 많다. 근대성으로 채색된 지성은, 기독교 신앙을 부조리한 것으로 혹은 적어도 아주 미심쩍은 것으로 보게 만드는 온갖 신념과 가정(假定)들로 가득 차 있다. 그러므로 그리스도인의 증언은 이런 신념의 배후에 있는 가정들을 드러내고, 그리스도 안에 나타난 하나님의 구속 및 계시의 행위가, 그 증언을 의심하도록 만들었던 실재들을 오히려 더 잘 이해하도록 어떻게 길을 열어놓았는지 보여 줄 필요가 있다.

 이런 유의 활동은 다른 이들로 하여금 믿음의 여정을 걷게 하는데 아주 중요한 역할을 할 수 있다. 그런 점에서 그리스도인의 증언은 믿음에 이르는 길의 일부분이 된다. 그러나 사람들을 믿음으로 인도하는 여러 길(이는 사람의 성격과 경험만큼 다양하다)과 믿음을 받치고 있는 토대는 서로 구별해야 한다. 철학자는 이 토대에 어떤 것도 더할 수 없다. 그 토대는 하나님의 행위 외에 다른 것이 될 수 없다. 새 창조에서 유일한 궁극적 권위는 그것을 창시한 분이다. 우리는 다시 앞서 인용했던 문장으로 돌아간다. "예수님은 권위 있는 자와 같고 서기관들과 같지 아니하더라." 이어서 우리가 해야할 질문은 "그러면 이 권위가 그분의 성육신 하시고 2천 년이 지난 지금 어떻게 우리에게 매개되는가?" 하는 것이다. 이제 이 책의 두 번째 부분에서 이 질문을 다루고자 한다.

2
하나님 권위의 매개체

이 문제를 다루려면 먼저 예수님의 의도가 무엇인지 생각해 보아야 한다. 기록된 바에 따르면, 예수님은 이 세상에 올 때 아버지께 받은 과업이 장래에 어떤 식으로 이루어져야 한다고 생각하셨는가? 우리가 흔히 알고 있는 견해는, 예수님은 현 시대가 금방 끝날 것으로 생각했기 때문에 장래에 대한 아무런 계획이 없었다는 것이다. 이와 같은 잘못된 가정으로 인해 오랜 세월 동안 일부 기독교적 신념과 실천이 엉뚱한 방향으로 흘러 왔다. 이 견해는 기독교인 학자들을 포함해 광범위한 지지를 받아 왔기 때문에, 논의를 더 진행하기 전에 몇 가지를 살펴볼 필요가 있다. 예수님이 자기 공동체의 장래에 대해 어떤 의도를 품고 있었다는 증거는 뒤에서 곧 제시하겠지만, 우선 예수님이 다가올 하나님의 통치라는 핵심 메시지에 관해 잘못 생각했다는 견해에 대해 두 가지 점을 지적할 수 있다.

첫째, 이 견해는 예수님의 말씀 중 임박한 도래에 관한 대목만 주목하고, 오랜 인내를 말하는 많은 부분은 무시하고 있다는 점이다. 이런 예는 학자들 사이에서 흔히 발견된다. 인간의 상태를 온전히 이해하려면 그 안에 존재하는 어느 정도의 긴장을 잘 받아들여야 하는데, 그렇게 하지 못하고 일차원적 사고방식에 머무는 모습이다. 새 시대의 임박성에 관한 예수님의 가르침을 전반적으로 살펴보면, 훌륭한 파수꾼이 그렇듯이 경각심과 인내심을 모두 요구하는 것을 볼 수 있다. 양자 중 어느 하나를 강조하는 말과 비유를 사용하지 않고 어떻게 그 임박함을 전달할 수 있겠는가? 인내심만 취할 경우에는 졸음과 게으름을 낳기 쉽다. 반면에 임박성만 강조할 경우에는 흥분을 불러일으켜서 일

상적인 의무를 소홀히 하게 되기 쉽다. 기독교 역사는 이 두 가지 예들로 가득 차 있다. 역사적으로 위대한 모습을 이룬 교회들은 임박함의 말씀을 무시하고 현 상태대로 오래도록 안주하고픈 유혹을 받는다. 다른 한편, 사회와 제도 교회의 주변에 위치한 사람들은 장기적인 관점을 평가 절하하고, 무책임한 흥분 속에 살고 싶은 유혹을 받는다. 하지만 우리는 예수님의 가르침이 지닌 이 두 기둥을 긴장 가운데 모두 붙들고 있어야 한다.

학자들 사이에 폭넓은 공감대를 형성하고 있는 또 하나의 견해에 대해서도 언급할 필요가 있겠다. 많은 신약 학자들은, 우리가 가진 복음서 기록이 초대교회의 생각이지, **예수님의 '육성'을** 담고 있는 것이 아니라는 사실을 열심히 강조한다. 물론 맞는 말이다. 우리가 가진 것은 초대교회가 예수님에 관해 기억한 내용이지, 그분의 말을 녹음기로 녹음한 내용이 아니다. 그런데 이 견해가 전제하듯이 그 초기 저자들이 예수님의 말 그 자체를 있는 그대로 옮기지 않을 자유가 있었다면, 그들은 왜 굳이 그분의 말씀을 기록해야만 했을까? 더우기 (이 견해가 주장하듯) 잘못된 것으로 이미 충분히 판명된 말씀이라면! 또 이 초기 제자들이 현대의 일부 학자들보다 예수님의 의도를 더 잘 이해했다고 보는 것은 가능할까? 그것은 정말 무모한 질문이다!

그렇다면 예수님은 자기의 권위를 장래 세대에 전달하는 매체로 무엇을 염두에 두었다고 할 수 있을까? 먼저 부정적인 진술부터 확실히 하는 것이 필요하다. 우선 예수님은 책을 쓰지 않았다는 사실이다. 그분은 일단의 사람들을 택하고 부르고 준비시켰다. 그들에게 자기의 가르침을 위탁했다. 또 그들에게 성령의 선물을 약속하면서 그분이 그들의 안목을 뛰어넘는 것을 깨닫게 해줄 것이라고 했다. 이제 이 세 가지를 간략하게 살펴보도록 하자.

1. 예수님은 공동체를 형성하고 자기와 가까이 있게 했다. 이는 사복음서의 핵심 주제인 만큼 굳이 자세히 설명할 필요가 없다. 하지만 한 가지는 대단히 의미심장하다. 예수님이 고난받기 전날 밤에 한 행동은 그분의 의도를 가장 분명하고 확실하게 보여주는 증거임에 틀림없다. 당시에 그분은 참으로 수치스러운 죽음을 겪으며 친구들을 떠나기 직전이었다. 그들은 그분이 주신 사명을 깨닫지 못했기에 모두 그분을 버리고 도망할 것이다. 그

분이 체포되고 죽기 불과 몇 시간 전에 하신 말씀과 행동을 보면, 그분은 그들이 자기의 죽음 이후에도 자기에게 헌신된 공동체로 남아 있기를 기대했음이 분명하다. "이것은 내가 너희를 위하여 주는 내 몸이니 이것을 먹으라. 이것은 너희를 위하여 흘리는 내 피니 이것을 마셔라." 그들은 비록 깨닫지 못했으나 순종했고, 순종을 통해 그분이 누구인지를 알기에 이르렀다. 그분의 의도를 이보다 더 명약관화하게 나타낸 말씀은 없다. 그분의 의도는 그분이 죽은 뒤에도 그분의 삶을 계속 이어 나갈 공동체, 곧 다가올 시대뿐 아니라 이 세상에서도 다함께 그분의 삶을 살아내는 그런 공동체를 남기는 일이었다.

2. 예수님은 가르쳤다. 현대 학자들은 우리를 위해 사복음서에 보존된 그 가르침들을 어느 정도까지 예수님의 진짜 가르침으로 간주해야 하는지에 대해 무척 회의적이다. 그들에게 따르면 우리가 갖고 있는 것은 초대교회의 영적인 체험이고, 예수님의 가르침은—설사 있다고 해도—그 체험을 통해 아주 희미하게 인식할 수 있을 뿐이라고 주장한다. 만일 이런 유의 회의론을 고대의 모든 역사에 적용한다면, 역사에 접근하는 것은 불가능해

질 것이다. '방법론적 의심'은, 에른스트 트뢸치가 '역사 비평적' 성경 해석법을 기술할 때 열거했던 원칙들 중 하나다. 이는 분명한 확실성을 요구했던 데카르트의 테제—이는 결국 실재를 알 수 있다는 희망을 모두 포기하게 만들었다—를 성경에 대한 지식이라는 특정 영역에 적용한 것이다. 우리는 이 요구를 받아들일 이유가 없으며, 오히려 그것을 회의적으로 취급해야 할 이유만 즐비하다. 이 테제는 물론 사태의 진상에 관한 사전의 신념에 근거하고 있다. 예수님의 말씀이 다양한 형태로 우리에게 온 것은 사실이지만 그렇다고 우리가 그 실체를 알 수 없을 정도로 캄캄한 어두움에 처한 것은 아니다.

이와 같은 학문적 회의론의 상당 부분은 문자 중심의 문화 외의 다른 모든 문화에 대해 문외한인 이들의 경험에 기초하고 있다. 기록된 문자에 의존하지 않는 문화에 익숙한 이들은 구두적 가르침이 얼마나 소중한지, 또 그것이 어떻게 보존되고 전수되는지를 알고 있다(케네스 베일리가 중동에서의 오랜 경험을 토대로 쓴 저작들을 참조하라). 신약 성경의 저자들에 의해 여러 형태로 우리에게 매개된 예수님의 가르침은, 문자 문화와 구두 문화 모두에서 세대를 막론한 수많은 남자와 여자에게 도전하고, 그 마음을 흔들어 놓고, 용기를 주기에 충분할 만큼 날카롭고 선명했다.

3. 예수님은 그들에게 성령의 선물을 약속하면서 그분이 그들을 완전한 진리 가운데로 인도하실 것이라고 했다. 역사상 특정한 시간과 특정한 문화의 한계 안에서 형성된 집단으로서는 도무지 상상하기 힘든 그런 완전한 진리 말이다. 우리는 신약 성경에서 이 약속이 이루어지는 과정을 볼 수 있다. 바로 첫 제자들이 예수님의 가르침에 신실하게 반응하고, 성령의 인도에 의지하면서 새로운 상황에서 자유롭고 담대하게 새로운 결단을 내릴 때, 그런 일이 일어났다.

순전히 사변적인 시도로 빠질 위험이 있긴 하지만, 그래도 잠시 멈추어 하나님의 권위가 인간에게 매개될 수 있는 다른 길이 없었는지 생각해 보는 것도 괜찮을 것 같다. 가능한 길은 단 두 가지다. 하나는, 하나님이 다른 어떤 인간 매개자의 개입 없이 자기 권위를 각 개인의 양심에 직접 알리는 방법이다. 그런데 이것은 어처구니없는 방안이다. 인간 존재는 인간의 공동체, 가족, 사회, 문화 등에서 이루어지는 상호 교류에 참여하지 않고는, 이성이든 양심이든 어느 것도 개발할 수 없기 때문이다. 그 어떤 인간 경험도 완전히 사적인 것은 없기 때문에, 신적인 계시도 완전히 사적일 수 없는 법이다.

또 하나의 가능성은, 신적인 계시를 공적인 역사상의 일로 만드는 것이다. 그렇게 되면 계시는 특정한 시대, 장소, 문화에 국한된 사건일 수밖에 없다. 그러나 인류 역사의 지속적인 흐름은 결코 특정한 지점에 영원히 고정되지 않는다. 계시는 그것이 내면화될 때 비로소 이루어진다. 달리 말하면, 그것이 살아 있는 어떤 인간의 의식의 일부가 되어야 하는데, 그 인간은 특정한 시대, 장소, 문화에 사는 사람일 수밖에 없다는 뜻이다. 그러므로 앞서 언급한 세 요소를 포괄하는 신적인 계시 말고는, 다른 어떤 계시도 인류 역사 전체에 권위를 지닐 수 없다는 결론에 도달하게 된다. 그 세 요소란, 살아 있는 공동체, 가르침의 전통, 각 세대와 새로운 상황에 처할 때마다 그 전통을 조명하는 신적인 영(靈)의 지속적인 활동이다. 이 세 요소가 있을 때에만 그 가르침은 그 특정한 시대, 장소, 문화를 위한 하나님의 살아 있는 말씀이 될 수 있다.

어쩌면 너무 사변적으로 보이는 이런 예비적 관찰 결과를 가지고, 오늘날 그리스도인들 사이에서 진행되는 권위에 관한 논쟁에 들어가고자 한다. 이 논쟁에서는 으레 네 가지 단어를 언급하는데, 성경, 교회와 그 전통, 이성, 경험 등이 그것이다. 이제 이 단어들을 차례로 살펴보자.

성경

그리스도인들이 성경의 권위를 둘러싸고 심각하게 분열되어 있다는 것은 널리 알려진 사실이다. 오랜 세월 동안 성경(그 책)은 다른 모든 문헌과 구별되는 특별한 책이었다. 이 책의 권위도 대체로 의문시되지 않았다. 성경은 인생을 이해하는 데 그리고 역사와 자연 세계를 공부하는 데 필요한 틀을 제공했다. 그런데 지난 3세기를 지나는 동안, 성경은 근대 과학적 방법의 도구를 사용하는 비판적 분석에 시달리게 되었다. 그 결과, 잘 알려진 대로 기독교 진영에 분열이 생긴다. 한 편은 성경에 내포된 모든 것이 사실적 정확성을 갖고 있다고 옹호하면서 성경의 권위를 긍정하려는 이들이고, 다른 한 편은 성경의 자료를 다양한 종교적 체험의 표현 중 하나로 보는 이들이다. 상황이 이런 만큼, 우리 문화의 어떤 측면에 빗대어 성경의 권위에 대해 논리정연하게 얘기하는 일이 무척 어려워졌다. 아니 불가능해졌다고 해야겠다.

흔히 간과되는 사실은, 이 분열이 근대 문화 전반을 가로지르는 더 깊은 균열의 한 양상에 불과하다는 점이다. 이를 간략히 묘사하자면, 인간의 앎에 있어 주관적 기둥과 객관적 기둥 사이의 통일성이 붕괴된 현상이라 할 수 있다. 그리고 이 붕괴 현상의 뿌리를 찾기 위해 수학적 명료성과 정확성을 지닌 확실한 지식을 추구한 데카르트까지 거슬러 올라가는 것이 보통이다. 그 후 몇 세기 동안, 우리는 소위 객관적인 지식—인식자가 개인적 신념을 개입시키지 않는다는 의미에서—이라는 이상에 지배되어 왔다. 이는 개인적 이해관계가 모두 살균 처리된 '사실적' 지식이다. 흔히 지식으로 주장되지만 그와 같은 '객관적' 용어로 표현될 수 없는 것은 개인적 의견의 범주에 속한다. 그것은 지식이 아니라 신념(믿음)이다. 그리고 신념은 존 로크가 우리에게 가르쳐 주었듯이 지식을 활용할 수 없을 때 우리가 의존하게 되는 것이다. 이 견해에 따르면 '가치'(values)는 개인적 선택의 문제다. 반면 '사실'(facts)은 그렇지 않다. 그리고 이 둘을 서로 묶어 줄 수 있는 논리적 끈은 없다. 가치는 사실로부터 나올 수 없다. 이런 분열 현상은 대학의 교과 과정에서 과학과 '인문학'을 서로 분리한 것만 봐도 금방 알 수 있다.

상황이 이렇게 되고 보니, 성경도 우리 문화의 두 부분 중 어느 하나에 속하는 것이라는 생각이 자연스러워졌다. 한 편에는, 성경을 사실적으로 참된 진술들을 모아 놓은 책으로 간주하면서 그 권위를 인정하는 사람들이 있다. 다른 한 편에는, 성경을 다양한 종류의 종교적 체험을 비롯한 특정 가치들을 상징적, 시적 형식으로 표현한 자료로 보는 사람들이 있다. 만일 전자를 선택하게 되면, 소위 '창조과학 주창자들'의 노력에도 불구하고 과학이 발견한 사실들과 성경의 충돌이 불가피해진다. 만일 후자를 선택하게 되면, 성경은 그저 아주 다양한 도덕적, 종교적 체험 중 하나로 전락하고 만다. 그리고 여러 종교로 이루어진 역사의 한 부분을 차지할 뿐이다. 조지 린드벡(George Lindbeck)은

「교리의 본질」(The Nature of Doctrine)이란 책에서 성경 이해와 관련하여 이 두 견해와 다른 대안을 제시한다. 그가 '문화-언어적' 모델이라 부르는 것이다. 내가 보기에 무척 유익한 대안이긴 하지만, 나는 그것이 근본주의와 자유주의의 표면적 분열 이면의 깊은 인식론적 분열과 어떤 관계가 있는지 명백히 밝힐 필요가 있다고 생각한다.

린드벡은 교리 이해와 관련하여 '문화-언어적' 모델을 설명하면서 이런 어구들을 사용한다. "자아와 세계에 대한 인간의 경험과 이해를 구조화하는…신화들 혹은 내러티브들…칸트의 **선험**(a priori)과 같이…실재의 묘사를 가능케 하는 특별한 표현." 달리 말해서, 교리는 우리가 **보는** 어떤 대상이 아니라, 세계를 이해하기 위하여 우리가 끼는 **렌즈**와 같다. 여기서 우리는 인식론적 의문을 제기하고 있다. 모든 앎에는 앎의 주체가 개입되고, 앎은 언어, 상징, 이야기 등으로 구현된 앎의 전통을 전수받은 주체에게만 가능하다. 우리가 알고 있는 지식 대다수는 우리가 주목하는 대상이 아니다. 그것은 우리의 경험을 정리하고 그 의미를 이해하도록 돕는 도구요 틀이다. 마이클 폴라니의 표현을 빌리자면, 그것은 모든 앎에 내포된 암묵적 요소다. 린드벡이 교리에 대한 자기 모델을 묘사하기 위해 '문화-언어적'이란 말을 사용할 때, 지식은 언어와 용인된 이해의 틀—우리의 경험을 이해하도록 돕는 '사물의 본질과 사물의 움직임'에 관한—을 사용하는 능력을 요구한다는 사실을 강조하는데, 이는 옳은 지적이다.

우리는 정보를 전달하거나 비전을 나누려고 언어를 사용할 때, 우리가 사용하는 단어들에 주목하기보다 그 단어들을 **통하여** 그 문제에 주의를 기울인다. 이따금 그 단어들에 주목하게 되는 것은 그것이 제대로 의사를 전달하지 못해서 더 나은 것을 찾기 위해서일 뿐이다. 그리고 단어들은 문화의 일부요, 문화는 상당한 기간에 걸쳐 특정한 공동체가 개발한, 세계를 이해하고 그에 대처하는 전반적인 방식이다. 그런데 모든 앎에 주관적 요소가 내포될 수밖에 없다고 해서, 앎의 객관적 참조점이 없어진다는 뜻은 아니다. 앎을 잘못된 주관성에서 구출하기 위해 우리는 그것을 글로 출판하고, 공적인 정밀 검사와 토론의 대상으로 삼기도 하며, 새로운 상황에 빗대어 시험하기도 한다. 하지만 이 정밀 검사라는 것도, 문화적으로 빚어진 전통에 의존하는 앎의 주체들만이 수행할 수 있는 작업이다.

우리는 이제 한 시대의 종말을 곧 목격하게 될 것 같다. 그 시대는 근대 과학이, 문화적 차이가 어떠하든 상관없이 모든 인간에게 보편적 진리의 총체를 안겨줄 것으로 믿었던 그런 시대이다. 뉴턴의 물리학, 곧 물질의 분자들이 정교하게 정해진 수학 법칙에 따라 움직이는 우주관으로 인간의 정신이 들어설 자리를 주지 않았던 그 세계관은 오늘에 이르기까지 엄청난 영향을 끼쳤다. 인간의 정신은 저 우주 바깥에 서서 우주를 쳐다보는 몸의 성질을 벗어버린 눈으로 환원되었다. 실은 관찰자로서뿐 아니라, 무엇이든 알려면 개인적이고 모험적인 헌신을 해야 하는 행동하는 주체로서 우주의 삶에 참여하는 '몸을 가진' 실재인데도 불구하고 말이다. 참으로 역설적인 점은, 이런 비인간적인 모델이 인간에게 그토록 굉장한 매력을 주었다는 사실이다. 이 모델은 모든 인간 문화에 똑같이 적용할 수 있는 보편적 이성(universal reason)이란 개념과, 특정한 사회의 우발적 성격과 상관없이 사람이면 누구나 갖고 있는 보편적 인권(universal rights of man)이란 개념도 낳았다.

그런데 이것은, 레싱(Lessing)의 표현을 빌리자면 보편적 이성의 진리들과 역사의 우발적 사건들 사이에 '넓고 보기 흉한 도랑'을 만들었고, 또한(특히 독일에서) '민족정신'(*volksgeist*)을 진리의 담지체로서 옹호하는 반동을 불러일으켰다. 최근에 물리학 분야에서 뉴턴식 세계관을 의문시하는 온갖 새로운 발전이 일어났음에도 불구하고, 이 같은 '두 문화' 현상은 여전히 살아 있다. 하나는 모든 민족에게 보편적으로 타당한 것으로 여겨지는 과학 중심의 문화이고, 다른 하나는 문화의 요소들 중에 우월한 것과 열등한 것을 구별하는 모든 시도를 제국주의적 발상으로 치부하는 다문화주의이다. 여기에는 물론 종교적 신념의 영역도 포함된다. (계몽주의를 옹호하는 핑켈크로트의 주장을 참조하라.)

이처럼 근대는 인간의 경험을 서로 합리적 연계성이 없는 두 토막으로 나누었는데, 우리가 이런 상태에 만족하며 살 수는 없는 노릇이다. 따라서 성경의 권위를 둘러싼 근본주의자와 자유주의자의 논쟁의 조건도 그대로 받아들일 수 없다. 내가 주장하고 싶은 것은, 성경이 우리가 그 안에서 신앙 생활을 영위하고 기독교 교리를 개발하는 (린드벡의 표현을 빌리자면) 문화-언어적 틀의 기능을 한다는 것이다. 린드벡의 말을 원용하자면, 성경은 인간의 경험과 이해를 구조화하는 하나의 내러티브다. 성경을 이루는 구성 요소가 아무리 다양해도, 그것은 본질적으로 **유일무이한** 이야기(the story)임을 주장하는 하나의 이야기, 우주와 그 안에서의 인간의 삶에 관한 참된 이야기다. 혹자가 성경의 구조를 분석하고 여러 부분의 뿌리를 추적하는 등 가능하고 필요한 작업을 모두 마친 후에도, 성경은 그 총체적인 정경 구조에 있어서 한 특정한 민족과 거기에 속한 한 인물의 이야기 안에 우주 및 인간 역사의 의미의 실마리를 두는 한 이야기다.

인간의 이야기가 모두 그렇듯이, 성경도 인간 이야기(역사)의 의미에 관한 특정한 믿음에 기초해 있는, 당시에 가용했던 기록과 기억의 단편들을 모아 놓은 모음집이다. 학교에서 흔히 가르치는 세계 역사는 문명의 발전사라고 할 수 있다. 이것이 인간 이야기를 들려주는 '자연스러운' 방법일지도 모른다. 그것은 우리 존재, 곧 이야기를 들려주는 자들을 이야기의 중심에 놓는다. 문명은 우리가 오늘날 이룩한 업적에 의거하여 규정된다. 우리는 문명화된 사람들이다. 역사는 우리 안에서 그 실마리를 찾는다.

그러나 성경이 들려주는 역사는 이와 같은 '자연스러운' 관점을 완전히 뒤집어 놓는다. 역사는, 하나님이 어리석고 기만적이고 배은망덕한 인간들과 참을성 있게 씨름하는 과정으로 이해해야 한다. 그들이 어리석고 배은망덕한 이유는, 스스로를 이야기의 중심에 놓겠다고 고집부렸기 때문이다. 기독교의 메시지, 곧 사도 바울을 비롯한 여러 사람이 고대의 회당에서 처음 전파한 그 메시지는, 인간 이야기의 정점이 예수님의 십자가와 부활 사건 안에서 밝히 드러났다는 것이다. 예수님의 죽음은 인류가 자기 창조주에게 등을 돌렸다는 사실을 결정적으로 보여 주는 증거다. 그것은, 예수님의 말처럼 이 세상에 대한 심판(요 12:31)이다. 그리고 하나님이 십자가에서 죽은 예수님을 다시 일으킴으로써 새로운 창조를 시작하셨고, 이 새 시대가 열림에 따라 소외되고 배은망덕한 세상이 창조주를 사랑하고 그분께 순종함으로써 새로운 존재가 될 수 있는 가능성이 생긴 것이다.

이 지점에서 오해를 피하기 위해 중요한 사항 두 가지를 언급해야겠다. 첫째, 우리가 예수님 안에서 인류 역사의 의미의 실마리를 찾는다고 할 때, 단순히 인지적인 이해를 가리키는 것이 아니다. 그것은 예수님 안에서 이루어진 속죄 사역으로 인해 우리가 하나님의 뜻에 기꺼이 순종하게 되는 것, 인류 역사와 우주 역사 내내 이어져 온 사건을 말한다. 그것은 단순히 마음의 조명을 받아 새롭게 깨닫는 차원이 아니라 화해의 문제요, 소외 상태에서 구원받는 것이요, 먼저 사랑을 베푸신 하나님께 순종으로 반응하는 일이다. 그것을 새로운 깨달음이라 부르는 이유는, 하나님이 먼저 화해의 몸짓을 하셨고 그것을 통해 우리가 하나님을 사랑하는 자들에게는 모든 것이 합력하여 선을 이루도록 하나님이 일하신다고 말하고 알 수 있는 상태까지 이르게 되었기 때문이다. 오직 이 속죄의 행위로 말미암아 예수님이 우리에게 역사의 실마리가 되는 것이다.

두 번째 사항은 다음과 같다. **내러티브**라는 단어가 신학적 담론에서 사용될 때는, 때때로 그 내러티브의 역사적 진실성은 중요하지 않다는 의미가 함축되어 있다. 우리의 사물에 대한 이해를 구조화하는 그 내러티브는 그저 우리의 경험을 설명하기 위해 들려주는 어떤 이야기일 수 있다. 그리고 어쩌면 우리 자신의 상상을 초월하는, 어떤 존재론적 위상도 없는 그 무엇에 불과할지도 모른다. 하지만 기독교 신앙의 핵심은 이 이야기가 유일하게 참된 이야기라는 데 있다. 여기서 '참되다'는 말의 뜻을 어떻게 이해해야 할까? 우리가 정경 형태대로 성경을 따라가 보면, 거기에는 정도의 차이가 있지만 서로 일치하지 않는 사건들과 말들이 있음을 분명히 알 수 있다.

아주 중요한 예를 들자면, 앞서 언급했듯이 사복음서에 나오는 예수님의 사역에 관한 진술들이 서로 차이가 있다는 것을 알게 된다. 그렇지만 그 사도였던 저자들과 동일한 믿음의 공동체에 속한 독자라면, 그것들이 동일한 사건과 말을 다양하게 표현한 것이라는 것을 확실히 알게 된다. 즉, 정말로 발생한 사건들을 서로 달리 인식한 결과라는 말이다. 그 진술들은 모든 역사적 저술이 지니는 특성을 공유하고 있다. 하지만 분명한 것은, 성경이 이런 의미의 역사로 불릴 수 없는 것들도 다룬다는 사실이다. 이 세계의 창조나 그 종말은 당대의 기록을 통해 우리에게 알려진 것이 아니다. 이런 주제들에 관해 성경이 우리에게 들려주는 내용은 상상력을 동원한 해석(imaginative interpretation)

으로서, 하나님의 구속 사역을 통해 우리가 알게 되고 믿을 수 있게 된 인간 상황에 관한 근본 진리로부터 나오는 것이다.

근대의 비판적 학문은 모세오경의 책들과 역사서들을 이루고 있는 아주 다양한 가닥들을 구별할 수 있게 해주었고, 그 가운데 작동하는 여러 가지 (그리고 상충되는) 주제들—왕권, 제사장직, 성전, 땅과 같은 것—을 파악할 수 있도록 도와주었다. 이처럼 커다란 차이점들 외에도, 집합적으로 '지혜 문학'이라 불리는 특유한 성격의 저술들이 있다. (하지만 이 모든 저술은 '여호와를 경외하는 것이 지혜의 근본'이라는 주제 아래 묶이게 된다.) 한 가지 의미심장한 사실은, 신약의 저자들이 이 전통에 속한 너무나 다양한 요소들로부터 나오는 텍스트를 활용해서 예수님에 관한 것들을 조명할 수 있다는 점이다. 성경의 다양성을 이해하게 하는 참 열쇠, 기독교 전통 안에서 계속 진행되는 논쟁을 파악하게 하는 참 안내자는 예수님과 관련된 사건들 안에서 발견해야 한다.

'어느 것이 진짜 이야기인가?'라는 질문이야말로 '인간이란 무엇인가?'와 인생이 몸담고 있는 '자연 세계를 어떻게 다루어야 하는가?' 등 다른 모든 것을 이해하는 시금석이 되어야 한다. 나는 성경이 교회의 삶에서, 린드벡이 제안하는 방식대로 그 기능을 제대로 발휘할 때 올바른 역할을 담당한다고 주장하고 싶다. 그것은 우리의 이야기가 그 일부를 이루는 참된 이야기의 역할을 하며, 따라서 우리는 그것을 **바라보기보다** 오히려 그것을 **통해** 실제 세계를 이해하고 세계를 다룰 수 있게 되는 것이다. 다시 폴라니의 용어를 빌리자면, 성경은 일차적으로 세계를 이해하고 다루는 데 있어서 **암묵적** 요소로서 그 기능을 발휘해야 한다는 말이다.

우리는 그 이야기 안에 **살아야** 한다. 이는 우리가 그 일부를 이루는 문화와 우리가 사용하는 언어 안에 살고 있는 것과 같다. 그런데 우리는 이와 다른 문화 안에서도 살고 있으므로, 우리 안에서 불가피하게 내면의 대화가 일어난다. 우리는 갓난아이 때부터 문화의 영향을 받으며 자랐기 때문에, 우리 민족과 우리 문명의 이야기의 일부가 되었다. 여기서 우리가 해외 선교사의 경험에서 유익한 것을 배운다. 누군가 다른 민족의 정신 세계로 깊이 들어가는 법을 배울 때, 다른 이야기의 정합성과 합리성에 끌릴 때는, 진정한 서로간의 대화를 위한 선결 조건으로서 내면의 대화가 일어난다. 그러나 분명한 것은, 그 사람이 그 이야기 안에 살 때에만 비로소 그것이 이해의 구조를 제공하는 역할을 효과적으로 담당할 수 있다는 것이다. 이처럼 성경도 그 이야기 '안에 사는' 사람들, 성경의 이야기를 자기 이야기로 삼는 자들의 삶을 통해서만 그 권위를 발휘할 수 있는 것이다.

전통

성경의 권위에 관한 논의에서 반드시 고려해야 할 사실은, 의미심장하게도 예수님이 책을 쓰지 않았다는 점이다. 예수님에 관한 기록 중 그분이 글을 쓰신 유일한 예는 땅에 글을 쓴 경우다. 그분은 제자들에게 책을 남기지 않았다. 우리가 아는 한, 그분은 나중에 자기를 따를 자들에게 자기를 대변하도록 한 공동체를 세우는 일에 전념했다. 그분의 가르침이 기억되고 남에게 전수되도록 하셨지만, 기록된 텍스트는 주지 않았다. 예수님이 하신 대부분의 말씀이 서로 똑같지 않은 몇 가지 판(版)으로 우리에게 전해졌다는 점은 아주 중요하다. 그렇지 않았기를 바라는 것은 분명히 예수님의 의도를 거스르는 것이다. 이슬람 진영에서는 우리에게 하나의 복음서가 아니라 '네' 복음서가 있다는 사실은 참 복음(Injil)을 잃어버렸음을 증명한다고 지적하지만, 교회는 네 개의 이질적인 판들을 하나의 종합판으로 대치하기를 거부했다. 한 편으로 신약의 저자들은 자기네가 가르치는 내용(고린도전서 7장에서처럼 따로 언급한 경우를 제외하고)이 예수의 생각을 충실히 옮긴 것이라고 주장하고 있다. 그들은 원조(元祖)가 아니라 충실한 전달자이다. 다른 한 편으로, 예수님은 그분의 가르침과 사역에 관한 이야기를 여러 다양한 상황에서 들려줄 수 있는 말로 전해 주셨다는 사실도 유념할 필요가 있다.

성경이 들려주는 이야기는 특정한 시대, 장소, 언어, 문화와 연루되어 있다. 만일 그렇지 않다면 인간 역사의 일부가 아닐 것이다. 그 이야기는 창조에서 종말에 이르는(인간과 우주를 둘러싼) 전체 이야기의 실마리다. 만일 그냥 똑같은 말을 반복했다면, 전체 이야기의 실마리 역할을 할 수 없다. 그것은 번역되어야 하고, 번역은 (오류 가능성이 있는) 해석 작업이다. 구약 성경은 여러 층을 지닌 문헌인데, 이는 그 기본적인 이야기가 새로운 상황에 새로운 언어로 반복해서 들려졌다는 사실을 입증하는 것이다.

요한의 해석에 따르면, 예수님이 제자들에게 확실히 일러주기를, 그들이 아버지의 참되고 완전한 계시를 받았지만 나중에 가서 배울 것이 아직 많이 남아 있다고 했다고 한다. 그들은 성령께서 그들을 "모든 진리 가운데로" 인도하실 것이라는 약속을 받았다. 역사적으로 성령을 시대정신(Zeitgeist)과 동일시하려는 유혹을 늘 받아 왔던 점을 감안하면, 그 약속의 내용에 유의할 필요가 있다. 그 내용은 성령이 교회에게 우주의 모든 것이 예수님께 속해 있다는 것을 보여 줌으로써 예수님을 영화롭게 하리라는 것이었다.

레이몬드 브라운(Roymond Brown)은 그 약속을 풀어서 "다가올 각 세대와 관련하여 예수님이 한 말과 행한 것의 의미를 당대에 맞게 해석해 주는 일"로 표현한다. 교회는 텍스트에 묶여서 그 어떤 새로운 일도 할 수 없는 존재가 아니다. 새로운 상황에 처할 때마다, 예수님이 중심을 차지하는 그 이야기 '안에 사는' 자들은 그 이야기의 창시자에게 충실하려면 어떻게 해야 할지 새롭고 모험적인 결정을 내려야 한다. 오늘날의 윤리적 결정을 내릴 때 성경의 어느 텍스트를 문자 그대로 적용하기는 불가능하다. 각 시대마다 이야기의 주인공에게 책임지는 방식으로 참신한 결정을 내리는 일이 늘 필요하다는 뜻이다.

그러므로 계속 이어지는 기독교적 제자도의 전통을 무시한 채 성경에 호소하는 일은 있을 수 없다. 그런 일은, 성경이 실마리를 제공하는 그 이야기로부터 성경을 떼어 내는 짓일 것이다. 하지만 성경과 전통의 관계가 무엇인지를 정확하게 진술하는 일은 무척 미묘한 문제다. 개신교는 성경을 전통으로부터 떼어놓는 경향이 있는데, 이는 물론 잘못된 태도다. 누군가가 성경을 전수(traditio)하지 않는다면 아무도 그것에 접근할 수 없기 때문이다. 그러나 오랜 세월 동안 로마 가톨릭이 성경과 전통을 나란히 병행하는 권위의 원천으로 각각 취급한 것을 감안하면, 개신교가 그런 입장을 취하게 된 것은 이해할 만하다.

계시의 문제를 다룬 제2차 바티칸 회의 초안에 '계시의 두 원천'이란 제목이 붙어 있었다는 것은 잘 알려진 일이다. 이 안은 기각되었고, 최종 텍스트는 '신적인 계시'란 제목 아래 '계시 그 자체'와 '신적 계시의 전수'라는 두 장으로 정리되었다. 첫 장은 예수 그리스도 안에 성육신한 하나님의 말씀으로 시작하고, 하나님을 "창조된 세계로부터 그리고 인간 이성의 자연스러운 빛에 의해 확실히 알 수 있다"고 단언한 다음, 그분이 선지자들을 통해 그리고 마지막에는 자기 아들을 통하여 말씀하셨다는 것을 확증하고 있다. 둘째 장은, 그리스도께서 사도들에게 복음을 만인에게 전하라는 사명을 준 것과, 그 사도들의 후계자로서 주교들에게 복음 전수의 책임이 주어진 것에 관해 말하고 있다. 이 전통은 "성령의 도움을 받아 보편 교회(the Church) 안에서 발전하게" 되고, 그 결과 "교회가 하나님의 진리의 충만함을 향해 줄곧 전진하게 된다." 따라서 "성경과 전통 양자에 대해 동일한 신앙심과 경외심을 품고 그것들을 받아들이고 존중해야 한다"고 되어 있다.

그러면 전통과 성경의 관계를 어떻게 말할 수 있을까? 한편으로 보면, 신약 성경 자체가 전통의 일부다. 이 책은 명백히 여러 시점에 여러 상황에서 전해진 구두적 증언에 기초하고 있기 때문이다. 그럼에도, 그것은 전달하는 내용에 대해 전달자로서의 진정성을 주장한다. "내가 받은 것을 너희에게 전하였노니…"

(고전 15:3)라고 사도 바울은 말하고 있다. 다른 한편, 정경의 선정이 마감되었다는 사실은, 정경에 포함된 것이 제외된 것보다 더 높은 권위를 갖고 있음을 뜻한다. 거기에 포함된 것은 이후의 전통과 관련하여 규범적 역할을 하게 되었다. 이런 면에서 제2차 바티칸 회의의 언어가 너무 승리주의적 냄새를 풍기는 건 사실이다.

전통이라고 해서 무조건 받아들일 수는 없다. 예수님이 당시의 종교 지도자들에게 퍼부은 비난(마 15:7 이하), 곧 그들이 자기네 전통으로 하나님의 말씀을 공허하게 만들었다는 비판은 일부 기독교 전통에도 그대로 적용되어야 한다. 기독교적 가르침은 그 자체 안에 어떤 규범이 있어서 자동적으로 발전하는 것이 아니다. 성령이 제자들을 완전한 진리 가운데로 인도할 것이라는 예수님의 약속은, 성령이 그 사역을 통해 예수님을 영화롭게 하리라는 약속과 연계되어 있다. 성령이 교회에 보여 줄 것은 모두 예수님께 속한 것이므로, 소위 성령의 가르침으로 주장되는 것은 모두 이 평가 기준에 의해 시험되어야 한다(요 16:14-15).

만일 성경의 권위가 역사의 창시자인 그분의 성품을 내러티브 형식으로 표현한다는 사실에 있다면, 따라서 그것이 모든 역사의 실마리가 된다면, 우리로서는 과거에 사람들이 이 실마리를 어떻게 따랐는지를 고려하지 않고는 그것을 따를 수 없다. 하나님의 말씀이 성육신한 이후, 오랜 세월에 걸쳐 사람들이 그 성육신의 보편적, 우주적 함의를 탐구한 덕분에 그 내용이 점점 불어났는데, 그 모든 것은 성육신의 사건들이 제공하는 평가 기준에 의해 판단되어야 한다.

그러므로 성경과 전통은 서로 주고받는 관계라고 할 수 있으나, 성경이 전통에 대해 규범적 역할을 한다고 보아야 할 것이다. 종종 예수나 기독교에 대해 전혀 모르는 사람이 처음 복음서를 읽다가 그 내용이 지닌 힘에 사로잡혀 완전히 무릎을 꿇고 그리스도께 돌아오는 사건이 일어난다. 하지만 이와 동시에, 그런 독자가 교회의 교제권에 들어가지 않고는 그리스도께 순복하는 것이 무엇을 의미하는지 배울 수 없는 것도 사실이다. 성경은 어디까지나 공동체의 책이고, 그 공동체는 성경이 들려주는 이야기를 중심으로 하는 공동체다. 성경과 공동체, 이 둘은 서로 뗄 수 없는 관계인 만큼 어느 하나를 이해하지 않고는 다른 하나를 알 수 없다.

그러므로 전통은 성경과 동떨어진 권위의 원천이 아니다. 누구든지 전통에 충실한 입장을 유지하려면, 오직 성경 '안에 머무를' 때에만 가능하다. 이처럼 성경 안에 삶으로써(머물러 있음으로써) 우리는 인류와 우주에 관한 참된 이야기 안에서 우리의 자리를 찾고 우리의 역할을 담당하게 된다. 과거와 현재를 막론하고 우리처럼 '성경은 유일한 참된 이야기다'라고 인정하는 모든 이들과 더불어 교제를 나누는 가운데 그것을 우리 자신의 이야기로 읽을 때에야, 우리는 성령께서 우리를 완전한 진리 가운데로 인도하실 것이라는 약속을 믿는 셈이다. 성경과 전통 그 어느 것도 새로운 상황에 처할 때마다 우리 스스로 결정을 내려야 할 위험 부담에서 우리를 면제시켜 주지 않는다. 그러나 우리가 비록 잘못된 결정을 내린다 해도, 이 참된 이야기에 의거해 사는 공동체는 결코 길을 잃지 않는다는 확신을 갖고 있다(마 16:18).

이성

기독교의 역사를 보면, 기독교 교리와 관련하여 성경, 전통, 이성을 권위의 세 가지 원천으로 간주하는 긴 전통이 있다. 나는 앞서 전통을 성경과 나란히 놓은 채 마치 그것이 별도의 권위의 원천인 것처럼 여기는 것은 잘못이라고 논증했다. 그런 입장이 잘못된 것임은 현재 널리 수용되고 있다. 이와 마찬가지로, 이성을 별도의 권위의 원천으로 생각하는 것도 똑같이 잘못된 태도이다. 아무도 이성을 사용하지 않고는 성경에 담긴 내용이나 성경 해석의 전통을 이해할 수 없다. 그리고 이성이란 진공 상태에서 작동하는 게 아니고, 공동의 이해 방식을 담고 있는 언어, 곧 계속 이어지는 공동체의 언어의 전통 안에서만 작동할 수 있다.

이성은 우리가 우리 경험에 담긴 여러 요소들을 질서 정연하게 이해하려고 할 때 사용하는 능력이다. 그럴 때 "아, 그렇구나" 하고 말하게 되는 것이다. 그것은 어떤 것의 실상에 관한 정보를 제공하는 별도의 원천이 아니다. 이성은 계속 이어지는 언어적, 문화적 전통 안에서만 그 기능을 발휘할 수 있다. 우리는 어린 시절에 말과 개념들을 사용하는 법을 배우면서 이성적으로 따지는 법도 습득한다. 그런데 이 말과 개념들은 우리 사회가 세계를 이해하는 방식을 구체적으로 담고 있는 몸과 같다. 따라서 모든 합리성은 사회적인 그리고 문화적인 몸을 갖고 있다고 할 수 있다.

'이성의 시대'(Age of Reason)로 돌아가 보면, 특히 기독교의 '합리성'을 옹호하기 위해 18세기 이래 사용되어 온 논리들을 보면, '이성'이란 단어가 당시의 과학과 철학에서 끌어온 일련의 가정들과 일치되는 의미를 지녔음을 확실히 알 수 있다. 지식 사회학자들은 우리에게 '타당성 구조'(plausibility structure)라는 말을 가르쳐 주었는데, 이는 어느 사회 안에서 무슨 신념이 타당한 것인지를 정해 주는 신념과 관행의 구조를 일컫는다. 이성을 성경과 전통과 나란히 제3의 권위의 원천으로 제시하는 입장은 현대의 타당성 구조를 반영하는 것이 아닌지 의심해 보는 게 옳지 않을까? 이 점은 특히 18세기 사상가들이 자주 언급했던 '자명한 진리'를 볼 때 분명해진다. 지금 우리가 보기에는 그런 진리들이 결코 자명하지 않았으며, 그것들은 특정한 합리성 전통의 산물일 뿐이다.

이 점은 수학에도 그대로 적용된다. 수학자 존 푸드푸트(John Puddefoot)는 "공리(公理)란 어떤 체계의 토대가 아니라, 여러 세대에 걸친 수학적 탐구가 마침내 공식화되거나 공리화된 결과다"라고 썼다. 이성은 특정한 합리적 담론의 전통 안에서 작동하는 법이고, 전통이란 특정한 인간 공동체가 나르는 그 무엇이다. 그러니까 모든 특정한 합리성 전통 위에 우뚝 서서 재판관의 역할을 할 수 있는 이른바 초(超)문화적 '이성'이라는 것은 아예 존재하지 않는다. 모든 이성은 언어와 개념과 모델 등으로 구현된 세계관 안에서 작동하는 법이며, 인간은 그와 같은 언어와 개념과 모델을 공유함으로써 그것들을 도구로 삼아 서로 이성적으로 추론할 수 있다. 기독교 교리도 합리적 담론의 한 형태로서, 온 우주의 합리성을 이해하는 실마리를 성경의 내러티브에 담긴 그 사건들에서 찾는 공동체 안에서, 그리고 이와 똑같은 탐구를 해 온 후대의 경험 안에서 발전되어 온 것이다. 그것이 모든 인간 이야기 중 한 줄기에 뿌리를 박고 있다고 해서 그 보편적 적실성이 사라지는 것은 아니다. 이 점은 다른 모든 형태의 합리성의 경우와 마찬가지다.

이렇게 말하면 결국 철저한 상대주의로 귀결될 수밖에 없을까? 그렇지 않다. 모든 인간의 추론은 타당성의 시험대를 거쳐야 하기 때문이다. 인간의 경험을 이해하고 세계에 대처하는 방식에는 그 내용에 따라 타당한 것도 있고 덜 타당한 것도 있기 마련이다. 모든 형태의 합리성은 이 테스트를 거쳐야 한다. 그래서 건강한 사회에서는, 새로운 경험 앞에서 그 합리성이 늘 수정되는 것이다. 그 수정의 정도가 작을 때도 있고 또 엄청나게 클 때도 있다. 이 점은 토마스 쿤이 구별한 것, 곧 '정상' 과학과 '패러다임 전환'의 경험 사이의 구분과 비슷하다.

세월이 흐르면서 사물을 보는 새로운 방식이 등장하는데, 이는 기존 방식에 비해 더 적절한 것처럼 보인다. 쿤이 증명하듯이, 한 관점에서 다른 관점으로 전환하는 것을 정당화시킬 만한 전반적인 논리 체계는 존재하지 않는다. 이는 사물을 보는 방식이 완전히 바뀌는 일종의 회심(방향 전환)과 같으며, 거기에는 언제나 새로운 언어가 필요하다. 이를 시험하는 유일한 기준은, 그것이 이해와 해석의 대상인 실재와 얼마나 부합하는가 하는 것이다. 새 패러다임은 옛 패러다임의 견지에서 그 합리성을 증명할 수 없다. 하지만 새 패러다임의 성공은 그것을 갖고 일하기로 헌신한 사람들의 활동과 능력에 의해 좌우될 것이다. 어느 문화에서든 사물의 실상에 대한 기독교적 관점은, 회심을 불러일으키고 새 언어를 사용하도록 요청한다.

그리고 그 가운데 현재 지배적인 타당성 구조로부터 연역될 수 있는 것은 하나도 없다. 기독교적 관점이 보다 우월한 합리성을 갖고 있음을 사람들에게 설득하려면, 그 새로운 타당성 구조에 몸담은 자들이 상당한 지적인 역량과 실질적 용기를 갖고 그것이 인간 실존을 적절히 묘사하고 있음을 보여 주어야 한다. 이는 대단히 활발하고도 까다로운 이성의 사용을 요구할 것이다. 사실상, 이것은 일종의 여담이지만, 오늘날 18세기에 주장된 '이성'의 보편적 적용 가능성에 대한 신뢰가 무너지고, 점성술과 뉴에이지 운동이 부상하는 현상을 볼 때, 21세기의 교회가 담당할 주요 역할 중 하나는 머리가 아홉이나 되는 민족정신에 대항

해서 합리성을 변호하는 일이 아닐까 생각된다.

이 정도 설명하면, 타당성의 테스트가 과거에 데카르트의 프로그램이 주장했던 것과 같은 그런 명백한 확실성을 제공한다고 주장하는 게 아니라는 점이 분명해졌을 것이다. 궁극적인 확실성은 마지막 심판의 날에 속하는 것이다. 그날이 오기까지 그리스도인은 믿음으로 걸으라는 부름을 받았다. 즉 십자가를 통해 우리를 스스로에게 화해시킨 그분, 그 하나님의 선물인 믿음을 갖고 살라는 소명을 받은 것이다. 이미 언급한 것처럼, 인간이 하나님의 은혜와 상관없이 어떤 명백한 확실성을 얻을 수 있다고 생각하는 관념은 하나의 환상일 뿐이다.

이성을 권위의 원천으로 받드는 좀더 구체적인 방법이 있는데, 그것은 이성을 계시와 대비시키는 것이다. 우리 문화를 지배하고 있는 합리성의 전통들은 구체적으로 유럽의 역사에 뿌리를 두고 있으며, 이 전통들이 위대한 과학자, 철학자, 역사가의 발견에 기초하고 있음은 누구나 아는 사실이다. 이 발견들은 누구든 열심히 공부하면 자기 것으로 만들 수 있다.

이와 반대로, 기독교의 합리성 전통은 계시에 기초하고 있으며, 계시란 실험으로 확증할 수 없고 믿음으로 수용해야 한다. 따라서 계시의 개념이 과연 이성의 요구 사항들과 양립할 수 있는가 하는 의문이 제기된다. 이에 응답하려면 먼저 일반적인 인간 경험을 두 종류로 나눈 마르틴 부버의 유명한 구분, 즉 '나와 너'와 '나와 그것'을 고찰할 필요가 있다. 후자의 경우에는 자율적 이성이 완전히 통제권을 장악하고 있다. 내가 주관해서 분석하고, 분류하고, 해부한다. 내가 무슨 질문을 할지를 정하고, 그 물체에게 내 질문에 응답하라고 강요한다. 이성은 나의 주권적 의지를 섬기는 종이다. 그러나 관계와 관련된 전자의 경우는 문제가 달라진다. 내가 완전한 통제권을 갖고 있지 않다. 내가 타인에게 내 질문에 응답하라고 강요할 수 없다. 물론 타인을 '그것'의 세계에 있는 객체로 취급하고, 과학적 도구(신경외과 의사의 장비들 같은)를 사용하여 상대방의 뇌가 어떻게 작동하는지를 알아낼 수도 있다.

하지만 이런 행위는 인격으로서 상대방을 아는 지식을 제공하지 못한다. 이런 지식을 얻으려면 나의 통제권을 포기해야 한다. 나는 귀를 기울이고, 질문에 나 자신을 노출시켜야 한다. 그리고 내가 이처럼 통제권을 포기하고 질문을 받는 위치로 옮긴다고 해서, 이성의 사용을 그만둔 것은 분명히 아니다. 나는 여전히 이성적 판단을 내리고 자료로부터 이성적 결론을 끌어내는 이성적 사람이다. 양자의 차이점은 이성이 어떤 역할을 하도록 요구받느냐에 있다. 이성은 주인 노릇을 하는 자율성의 종이 되는 대신에, 귀를 기울이고 신뢰하는 열린 마음의 종이 된 것이다.

그러므로 여기서 문제가 되는 것은 이성이 사용되었는지 그렇지 않은지 여부가 아니다. 문제는, 우리가 인간으로서 다루어야 할 총체적 실재를 자율적 인간 주체가 조사해야 할 오로지 생명이 없는 물질로만 이해해야 하는가, 아니면 그 총체적 실재를 올바로 안다는 것이 성숙한 인격적 관계의 열매로 얻는 그런 유의 지식에 가까운가 하는 것이다. 즉 문제는 이성이냐, 계시냐가 아니다. 오히려 무엇이 진정한 실재인가, 우리가 다루는 것이 어떤 유의 실재인가 하는 것이다.

만일 그 실재의 성격이 우리가 인격적 관계에서 경험하듯이 이해할 수 있는 것이라면, 우주의 창조주의 말씀을 들었던 그 사람들, 깨어 있고 겸손하여 그 목소리를 들을 수 있었던 그들의 특별한 경험을 바탕으로 합리적 담론의 전통이 발전될 수 있다고 믿는 것이 타당할 것이다. 그와 같은 전통 '안에 머무는' 것, 이 패러다임과 더불어 사는 것, 세대가 바뀔 때마다 이 패러다임이 인간의 경험을 적절히 설명한다는 것을 보여 주려고 애쓰는 것, 그것이 새로운 상황을 '이해하게' 만드는 힘이 있음을 보여 주는 것 등은 전적으로 합리적인 작업일 것이다. 누구든지 이성을 계시와 대립되는 것으로 주장한다면, 그것은 그 사람이 실재 전체를 그저 조사의 대상으로만 여기는 다른 종류의 합리성 전통을 따르고 있을 때만 가능하다.

물론 이런 전통은 종교를 그러한 조사 대상의 하나로 여길 것이다. 그들에 따르면 세상에는 다양한 '종교적 경험들'이 존재하며, '하나님이 모세에게 말씀하셨다'가 아니라 '모세가 종교적 경험을 했다'고 말하는 게 옳다. 후자와 같이 말하면 조사자가 주관하는 일이 가능하지만, 전자는 그럴 수 없기 때문이다. 그러나 전자를 수용하는 입장에서 발전한 긴 합리적 담론의 전통은 후자로부터 발전된 전통 못지않게 타당성을 갖고 있다. 기독교(혹은 유대교나 이슬람교) 전통 안에서 작동하는 이성도 여전히 이성이다.

경험

기독교 메시지의 권위에 관한 논의에서 자주 등장하는 네 번째 단어는 '경험'이다. 이는 비교적 최근에 신학 영역에 합류한 개념이다. 19세기 초반까지만 해도 이 단어는 우리가 지금 사용하는 '실험'(experiment)과 같은 의미를 가졌었다. 이는 독일어 Erlebnis(체험)를 번역한 것으로서 영어권 신학에서 인기를 누리게 된 것이다. 그러면 왜 그런 인기를 얻게 되었을까? 이전의 신학자들은 굳이 그 단어를 사용할 필요가 없었던 것 같다. 과학자들에게는, 적어도 자연과학에서는 지금도 그것이 필요 없는 것처럼 보인다. 과학자든 아니든 그 누구라도, 어떤 의미에서 경험을 하지 않고는 아무것도 알지 못한다. 보는 것, 읽는 것, 듣는 것과 같은 경험 말이다.

하지만 천문학자가 자기 망원경에 새로운 별이 나타날 때는 그것을 새로운 천문학적 경험이라고 묘사하지 않는다. 그런데 왜 신학은 다르게 취급하는가? 왜 "하나님이 모세에게 말씀하셨다"라고 하지 않고, "모세가 종교적 경험을 했다"고 하는 것일까? 그것은 물론 하나님의 존재가 객관적으로 증명될 수 없기 때문이다. 이에 비해, 사람들이 종교적 경험을 한다는 것은 많은 증거를 갖고 있을 뿐 아니라, 과학적 탐구의 대상도 될 수 있다. 이 단어를 신학적 논의에 끌어들인 장본인은 슐라이어마허인 것 같다. 그는 '종교를 멸시하는 문화인들' 가운데 기독교 신앙의 자리를 마련하기 위해, 만인에게 있는 '절대 의존의 감정'에서 하나님의 존재의 증거를 찾는 등 기념비적 업적을 남긴 인물이다. 그는 만일 기독교 신앙이 자연과 역사의 탐구 작업을 기독교와는 다른 전제 위에서 활동하는 자들에게 넘겨주어야 한다면, 신앙이 차지할 수 있는 영역은 내면 세계밖에 없다고 생각했다. 그리스도인의 글과 노래를 보면, 과학적으로 알 수 없는 종교적 경험들은 오히려 과학자의 조사 대상으로 제쳐놓은 채, 자아 바깥의 실재들이 아닌 평안과 기쁨과 참회와 같은 내면적 경험을 다루는 게 부지기수다.

경험은 어떤 의미에서 권위의 원천으로 작용할 수 있을까? 날짜와 그 내용을 자세히 기술할 수 있는 종교적 경험을 한 사람들은 그것을 믿음의 적절한 기초가 된다고 생각할 수 있다. 실은 약물의 복용으로도 그와 비슷한 경험을 끌어낼 수 있다 하더라도 말이다. 그런데 그와 같은 경험은 항상 과거에 일어났던 것과 연속선상에 있는 것 같다. 그런 것들은 자신이 삶에서 경험하는 다른 부분들과 완전히 무관하지 않기 때문에 그 경험들이 다른 여러 경험의 의미들까지 '이해할 수' 있게 해주는 한에서만 계속해서 믿음에 필요한 권위를 제공해 줄 수 있다.

하지만 대다수의 그리스도인은 이런 좁은 의미의 종교적 경험이 아닌 다른 곳에 믿음의 기반을 두고 있는 것 같다. 예를 들어, 그들은 홀로 기도하고 다른 이들과 함께 공적인 예배를 드리는 등 신실한 신앙 생활을 계속하는데, 비록 오랜 기간 동안 그로 인해 바울이나 아우구스티누스의 회심과 같은 생생한 체험을 하지 못한다 하더라도 계속 그렇게 할 것이다. 그들이 믿는 것은, 아마 어릴 때부터 복음을 믿는 공동체의 삶에 합류해서 복음으로 삶을 정돈하는 등 여러 경험을 통해 복음의 진리가 확증되었기 때문일 것이다.

모든 경험은 어떤 해석의 틀 안에 놓인다. 아기가 태어나서

처음 겪는 시각과 청각의 경험도, 자기에게 부딪히는 빛과 소리를 바깥의 실제 세계와 연결하는 법을 배울 때에만 이해할 수 있다. 기독교의 복음은 모든 경험을 하나님의 지혜롭고 자애로운 목적에 비추어 해석하게 하는 일종의 틀을 제공한다. 다른 틀로 보면 재앙으로 보이는 것이라도, 기독교 신앙의 틀 안에서는 하나님의 사랑의 섭리로 해석될 수 있다. 예수님의 십자가 죽음이 한 틀에서는 '어리석음'이지만, 다른 틀에서는 '하나님의 지혜'이다. 그러므로 경험을 기독교 신앙을 위한 별도의 권위의 원천으로 취급하는 것은 오해의 소지가 많다. 우리가 겪는 경험의 성격을 특징짓는 것은 바로 우리가 가진 믿음이기 때문이다. 교회의 오랜 전통 중 하나는, 특별한 종교적 체험에 너무 의존하지 말고(그런 것이 때때로 귀하고 필요하긴 하지만), 믿음으로 행하라는 초대를 받아들이라고 충고한다. 바로 이 길이 진정 하나님을 볼 수 있도록—모든 종교적 체험은 하나님을 흘끗 보는 것에 불과하다—인도해 주기 때문이다.

물론 **경험**이라는 단어는 모든 권위를 이해하는 데 필요한 어떤 본질적인 요소를 대변한다. 성경에 따르면, 하나님은 자기의 권위가 각 사람의 마음과 정신과 양심에 인정되고 받아들여지길 바라신다. 하나님은 노예가 하듯이 억지로 혹은 맹목적으로 권위에 굴복하는 것을 원치 않으신다. 그리스도인은 바울의 말처럼 "나를 사랑하사 나를 위하여 자기 자신을 버리신"(갈 2:20) 그분의 권위에 즐겁고도 기쁘게 순종한다. 그런데 하나님의 권위는, 성경에 나온 그 이야기를 계속해서 되살리고, 되풀이해서 말하고, 다시 살아내는 공동체의 살아 있는 기억을 통해 매개되는 것이다. 이처럼 성경 이야기가 거듭 거듭 기억되어 살아 있는 전통이 되는 것은, 교회의 성만찬과 말씀의 선포─말씀을 재해석하여 당대의 제자도에 적용하는 일─를 통해서 이루어진다. 이 모든 것의 중심에 경험이라 불릴 수 있는 그 무엇이 있다. 하지만 그것은 구체적으로 하나님의 성령의 능력을 당대에 경험하는 것, 예수님의 영이신 그분이 그리스도의 속죄 사역을 예배하는 공동체의 마음과 양심에 일깨우는 일을 경험하는 것이다.

우리가 이제까지 살펴본 네 요소는 모두 하나님의 권위를 인정하고 그 권위에 순종하는 데 나름의 위치를 갖고 있지만, 어디까지나 따로따로가 아니라 모두 묶어질 때만 그러하다. 경험이라는 것과 실제 경험의 내용—그리스도 안에 나타난 하나님의 사랑—을 별개로 생각할 경우에는, 유일하게 참된 살아 계신 하나님이 아닌 다른 것에 대한 경험을 가리킬 수도 있다. 이성이란 것도 자율적 인간 정신의 소유로 생각할 경우에는, 우리를 전반적인 실재로부터 떼어놓게 된다. 전통이란 것도 성경의 통제를 받지 않으면, 예수님 안에 있는 그 진리로부터 아주 멀어질 수 있다. 그리고 성경도 교회의 삶 안에서 일하는 성령의 사역과 동떨어진 기록된 문자로만 여길 경우에는, 우리를 얽매는 도구가 될 수 있다. 그래서 결국에는 사람의 마음과 양심에 호소하는 하나님의 영의 증언 이외에 다른 궁극적 권위는 모두 사라져 버린다. 하지만 하나님은 예수님의 성육신, 사역, 죽음, 부활을 중심으로 삼는 그 이야기 안에 거하는 공동체에 성령이 임재하실 것이라고 약속하셨다.

3

현대적 상황에서 하나님의 권위를 증언하다

근대가 신의 권위를 의심하게 된 현상은 인간이 자유라는 이름을 걸고 진행한 일종의 저항이었다. 이는 합법적인 항의였다. 이른바 기독교 세계(The Christendom)에서 기독교와 정치 권력이 서로 손을 잡게 된 결과, 마침내 교회가 인간의 자유를 억압하는 폭군이 되기에 이르렀다. 도스토옙스키의 '대심문관'은, 예수님이 가져다주신 그 자유와 완전히 결별한 기독교를 보여 주는 훌륭한 상징이다. 17세기에 일어난 종교 전쟁이 마침내 기독교와 정치 권력의 결탁에 불신임장을 던졌다. 동시에, 새로운 과학의 발흥은 인간 사회를 위한 새로운 기초에 대한 비전을 제시했다. 뉴턴의 수학적 물리학은 이 새로운 가능성의 가장 강력한 상징을 제공했다. 여기에 이른바 신의 계시에 전혀 기대지 않는 실재의 모델이 있었다. 뉴턴의 우주론은 행성의 움직임에서부터 사과가 떨어지는 현상에 이르기까지 존재했던 것이나 존재할 가능성이 있는 모든 것을 설명해 주는 것처럼 보였다. 이 설명은 세계에 대한 인간 경험의 여러 영역으로 더 넓게 퍼져나갔다. 그것은 외적 권위의 제재를 전혀 받지 않은 채, 자율적인 인간 이성이 인간의 관찰 대상인 물질에 자유로이 작동한 결과였다. 무지와 미신과 종교의 어두움은 사라지고 있었고, 드디어 빛이 도래한 것이다. 알렉산더 포프(Alexander Pope)는 그것을 이렇게 노래했다.

자연과 자연의 법칙이 한 밤에 숨겨져 있네.
하나님이 "뉴턴이 있으라!" 하시매 만물이 밝아졌다네.

그것은 마치 새 날이 동터 오는 순간 같았다. 오랜 세월 미신적인 종교적 도그마의 어둠에 뒤덮여 있던 세상에 빛이 도래했다.

하지만 보다 긴 역사적 안목에서 보면, 고대의 관점으로 되돌아가는 것이었다. 유럽은 어쨌든 아시아의 서쪽 끝이 아닌가? 복음이 도래하기 전 천 년 동안, 유럽의 사상계는 아시아의 그것과 연속선상에 있었다. 인도의 상황을 잘 아는 사람이라면, 고대 그리스-로마 사상이 인도와 동일한 사상계에 속해 있다는 것을 잘 알고 있다. 고대 그리스-로마의 신화들과 그 철학 사상은 인도의 그것들과 동일한 세계에 속해 있다. 신화들은 역사적 사건을 기반으로 삼든지 삼지 않든지, 혼돈스러운 경험에다 형태를 부여할 수 있는 배경을 제공해 준다. 신화는 인생이 무엇인지를 설명해 준다. 우리가 어디서 와서 어디로 가는지를 일러준다. 그러나 고대 그리스-로마 세계는 인도의 경우처럼 신화로 만족하지 않았다. 인도나 그리스에서, 인간 정신은 시간의 제약을 받는 이 이야기들 배후에 있는 영원한 진리를 찾으려고 했다. 궁극적 실재는, 인간사를 지배하는 듯 보이는 끊임없는 조수의 간만 아래 깊숙한 어딘가에 있는 것 같았다. 대다수의 사람은 신화로 만족했을지 몰라도, 철학자는 그것을 뛰어넘어야 했다.

한 때 그리스-로마 세계의 여러 도시에 흩어져 살던 한 민족이 있었다. 그들은 스스로를 여러 민족의 하나로 여기지 않고, 만유의 주님이요 창조주요 주권자이신 유일한 하나님의 위대한 업적으로 세워진 유일무이한 민족이라고 믿었다. 그들은 모든 이해의 열쇠를 철학이 아니라 이야기 안에서 찾았다. 어쩌면 그 것을 신화로 불러도 좋을 듯하다. 왜냐하면 인생 전체에 모양새를 부여하는 등 신화의 역할을 하기 때문이다. 그러나 흔히 말하는 신화는 아니었다. '옛날 옛적에'라는 애매한 말로 시작하는 그런 이야기가 아니었다는 뜻이다. 그것은 역사상 발생한 사건들을 담은 내러티브로서, 제국들의 흥망성쇠와 고레스, 알렉산더, 가이사 등과 같은 역사적 인물들의 행적을 들려주는 그런 내러티브의 일부였다.

그 이야기는 이방인 저자들이 들려주는 인간 역사의 일부로 전해지긴 했어도, 어디까지나 이스라엘의 하나님, 곧 아브라함과 이삭과 야곱의 하나님의 활약에 관한 역사로 전해진 이야기였다. 그것은 이방인 역사가들이 썼던 글과 같은 것인 만큼, 실제로 발생한 것들을 들려준다는 의미에서 하나의 역사다. 그럼에도 그것은 하나님의 위업에 관한 내러티브로서 전해졌다.

기독교의 메시지('복음')는 먼저는 유대인에게 그리고 이방인에게 선포된 것으로서, 하나님이 그 위대한 업적들을 이루신 다음에 죄와 죽음을 무장해제시킨 한 위대한 행위로 모든 것을 마무리하셨고, 모든 민족이 아브라함의 하나님이신 그분의 백성의 일부가 되도록 초대를 받았다고 한다. 이는 새로운 종교를 소개한 것이 아니었다. 오히려 이스라엘에 주신 하나님의 약속이 이제 성취되었고, 모든 민족이 이스라엘의 하나님의 백성이 되도록 초청을 받았다는 선언이었다. 달리 말하면, 모든 민족이 인생의 수수께끼를 푸는 실마리를 찾되 철학자들의 영원한 진리에서가 아니라, 성경에 나오는 이야기에서 찾으라는 초대장을 받은 셈이다.

그러면 왜 우리는 유럽을 있는 그대로 아시아의 연장으로 보지 않고, 별개의 대륙으로 보는 데 익숙해져 있을까? 그 이유는 과거 천 년 동안 유럽의 민족들이 이 성경 이야기를 통해 자기네 인생의 의미를 발견함으로써 하나의 독특한 사회를 이루었기 때문이다. 이처럼 아시아의 나머지 위대한 문화들과 구별되는 독특한 문화를 형성시킨 장본인은 바로 교회의 예배—교회의 예술, 건축, 음악, 드라마, 축제 등—를 통해 매개된 이 이야기였다.

이와 같이 보다 긴 역사적 안목으로 보면, 계몽주의는 이전의 패러다임으로 되돌아간 것이었다. 물론 이렇게 되기까지 이슬람 신학을 통해 매개된 이른바 아리스토텔레스의 합리론의 침입, 르네상스 시대에 일어난 고전 사상의 부활 등, 여러 세기에 걸친 준비 과정이 있었다. 그러다가 18세기 중반에 사물을 보는 옛날 방식이 다시 한번 유럽인의 정신을 붙잡는 일이 일어났던 것이다.

이처럼 '계몽된' 관점으로 보면, 성경은 더 이상 지배적인 패러다임으로 기능할 수 없다. 즉, 악과 고통과 죽음의 경험을 비롯한 모든 인간 경험에 모양새와 의미를 부여하는 유일한 이야기로서의 위상을 유지할 수 없다는 말이다. 성경도 다른 고대 문헌을 연구할 때 사용되는 것과 똑같은 도구로 검토하고, 해부하고, 분석하는 대상이 되어야 했다. 성경이 들려주는 이야기도, 인간 역사에서 일어난 다른 사건들을 설명할 때 사용되는 요인이라는 면에서 이해되었다. 이를테면, 성경이 '하나님의 위업'에 관해 이야기할 때는 그것을 신화적 언어로 인식해야 했다. 하나님이 모세에게 말씀하는 게 아니고, 모세가 종교적 체험을 했다. "예수 안에서 우리가 하나님과 만난다"고 말하는 것은 무방하지만, "예수 안에서 하나님이 우리를 죄와 죽음에서 건지러 오셨다"고는 말하지 않는다. '하나님의 위업'은 신화이지 역사가 아니다.

이런 관점에서 보면 성경은 권위를 가질 수 없다. 성경에 현대 독자를 감동시키는 대목들이 있을지는 모르지만(다른 많은 책에도 그런 대목이 있다), 그렇다고 성경이 권위 있는 책의 역할을 한다는 뜻은 아니다. 거기에는 자기 모순적인 진술이 즐비하다. 어떤 증거 본문이든지 다른 경로로 제시되는 또 다른 본문에 의해 반박된다. 이 견해에 따르면, 성경 전체를 정경으로 주장하는 입장은, 전체에서 한 요소만 끌어내어 그것을 해석의 열쇠로 삼아야 한다는 자의적 결정에서 나오는 것이다.

성경 안에는 모순은 말할 것도 없고 커다란 차이점들도 존재하는 것이 사실이다. 그런 예들을 굳이 열거할 필요도 없다. 그런데 여기서 모든 것은 사전에 어떤 질문을 던지느냐에 달려있다. 우리는 믿을 만한 진리를 찾고자 어떤 종류의 탐구심을 품는가? 우리의 탐구심이 데카르트가 품었던 그런 탐구심—의심의 여지가 전혀 없는 궁극적 확실성을 향한 마음, 역사에서 일어나는 우발적 사건들로부터 자유로운 '영원한 이성적 진리'를 추구하는 마음—이라면, 성경은 우리가 쳐다볼 곳이 못 된다. 성경에서 이런 종류의 확실성을 찾는 것은 성경에다 전혀 이질적인 진리 개념을 억지로 강요하는 행위인 만큼 성경을 오용하는 짓이다.

만일 우리가 성경 자체를 '진리란 무엇인가?'라는 질문에 대한 안내자로 받아들인다면, 그 응답을 오래 참으시는 하나님의 사랑 및 지혜와 고집불통에다 조급하고 우상숭배로 빠지는 인간의 의지 사이에서 일어나는 기나긴 투쟁의 기록에서 찾을 수 있을 것이다. 이 이야기는 진리의 화신인 그분이 오심으로 절정에 이른다. 그분은 시간을 초월한 명제가 아니고, 자기 안에 있는 그 진리의 충만함으로 인도하는 살아 계신 주님이다. 만약 성경의 권위를 받아들이면, 우리 자신을 이 이야기의 창시자가 그것을 최종적으로 완성시킬 때 완전히 알게 될 그 진리를 향해 걷는 **도중**(*in via*)의 존재로, 즉 영원한 진리의 소유자가 아니라 살아 있는 제자도 전통의 일부임을 깨닫게 된다.

반면에, 성경을 계몽주의적 관점에서 접근하여, 거기서 인간들이 오랫동안 주장해 온 부분적이고 늘 변하는 어렴풋한 진리를 뛰어넘는 '영원한 이성적 진리'를 찾는다면, 성경은 서로 뒤죽박죽인 진리 주장들의 집합체로밖에 보이지 않을 것이다. 동시에 성경의 통일성에 대한 열쇠를 갖고 있다는 주장, 곧 그 '진정한' 메시지를 알 수 있다는 주장은 모두 독단적인 소리로 들릴 것이다. 달리 말하면, 그런 것을 해설자가 사전의 인식론적 신념에 따라 내린 개인적 결정으로 생각한다는 뜻이다.

그러나 만일 우리가 영원하고 의심할 수 없는 '이성적 진리'를 소유하는 일이 아직도 **길을 걷고 있는**(*in via*) 인간들에게는 가능하지 않다는 것을 인식한다면, 사정이 달라질 것이다. 성경을, 살아 계신 하나님이 한 백성을 인도하여 그들에게 창조의 목적에 대한 참 지식을 주려고 오랫동안 참을성 있게 씨름하는 모습을 담은 책으로 인정하는 것은 논리적으로 아무 문제가 없다. 혹은 이 동일한 하나님이 예수 그리스도 안에서 그 이야기의 일부가 되셔서, 사람들에게 그분을 따라 진리의 충만함에 도달하라고 친히 부르신다고 믿는 것도 논리적으로 모순이 없다. 이런 경우에는, 성경 안에 서로 불일치하는 점이 많다고 해서 성경의 권위 자체를 거부하게 되지는 않을 것이다. 모든 해석의 전통들은 그 중심 주제를 둘러싼 지속적인 논쟁을 먹고 살아가는 법이다. 그와 같은 논쟁이 없으면 해석의 전통이 죽기 마련이다.

물론 성경은 내적인 긴장으로 가득 차 있다. 몇 가지 예를 들어면, 바울과 야고보의 믿음과 행위의 문제에 대한 의견 차이, 사무엘상 8장과 9장에 나오는 왕권에 대한 뚜렷이 대조적인 평가들, 에스라-느헤미야서에 나오는 배타주의와 룻기와 요나서에 나오는 포용주의의 차이 등이 있다. 아무래도 최고의 긴장은 하나님의 진노와 사랑 사이의 긴장이 아닐까 생각한다. 이 긴장은 예수의 가르침 속에 너무나 생생하게 나타나 있다. 이 긴장은 그 유일한 해석과 해결책을 예수의 속죄의 죽음과 부활에서 찾고 있기 때문에, 우리로서는 십자가를 지고 따르라는 그분의 초청을 성경 전체를 여는 유일한 해석학적 열쇠로 받아들일 수밖에 없다.

이 열쇠를 받아들일 경우에는, 그리스도라는 총체적 사건에 기반을 둔 성경 전체의 통일성을 볼 수 있다. 그렇다고 해서 구약성경 저자들의 본래 의도를 연구하는 학문적 노력이나, 당시의 여러 사건을 겪은 사람들이 그것을 어떻게 이해했는지 그 의미를 탐구하는 작업이 불필요하다거나 하찮다는 뜻은 아니다. 그렇다고 고대의 선지자들이 사복음서의 내용을 미리 알았다는 뜻도 물론 아니다. 하지만 이것이 뜻하는 바는, 구약의 말씀과 사건들을 볼 때 예수와 관련된 사건들에 비추어 그것들을 보지 않으면 그 의미를 완전히 이해할 수 없다는 것이다. 어떤 사건이나 말의 의미는 그것을 둘러싼 문맥에 좌우되는 법이다. 맨 처음 사도들과 예수가 친히 복음을 전한 이후 오늘에 이르기까지 그리스도인이 주장한 것은 한결같다. 히브리 성경에 담긴 모든 내용의 참된 의미는 오직 예수의 사역을 그 맥락으로 삼을 때에만 올바로 이해할 수 있다는 것이다.

뉴턴이 등장한 이래 오랜 세월 동안, 계몽주의 프로젝트는 온 인류에게 해방, 정의, 물질적 번영, 인권의 비전을 안겨주는 등 땅 끝까지 퍼져나갔다. 그것은 과거에나 현재나 아주 고상한 프로젝트이다. 그럼에도 그것은 자기가 약속한 것을 지키는 데 완전히 실패하고 말았다. 어두움, 부조리, 폭력의 세력들이 오늘날 세계 전역에서 과거 어느 때보다 더 판을 치고 있다. 그리고 유럽 자체만 보아도, 계몽주의의 산실이요 오랫동안 계몽주의 가치관의 안전한 요새로 간주되던 그 대륙이 현재 와해의 길을 걷고 있다.

제2차 세계대전에서 파시즘과 국가 사회주의의 어두운 세력을 타도하기 위해 싸우고, 유럽이 다시는 그런 야만주의로 빠지지 않을 것이라고 믿었던 사람들이 오래 살다 보니, 이제 그와 동일한 세력들이 다시금 무대를 차지하고 있는 장면을 목도하고 있다. 심지어 아주 과격한 형태의 부조리가 사회의 변두리에 스며든 곳만 보아도, 19세기와 20세기에 사회적 법률 제정을 고무시켰던 장래에 대한 위대한 비전들은 현재 널리 거부되고 있다. 인간 복지를 위해 기획되었던 합리적 계획들이, 모든 것을 시장의 부조리한 세력에 내맡기는 입장에 그 자리를 빼앗기고 만 것이다.

계몽주의가 추구했던 찬란한 이상(理想)들—자유, 정의, 인권

―은 18세기의 가정과는 달리 더 이상 '자명한 진리'가 아닌 듯이 보인다. 그것들이, 당시 무려 천 년 동안이나 성경적 역사관에 의해 조성되어왔던 사회에는 자명한 듯이 보였다. 그 이야기가 집단적 기억에서 희미하게 멀어지고 또 다른 이야기―가령, 폭력을 기본 법칙으로 삼는 생존 경쟁의 이야기―로 대치되자, 그 이상들이 더 이상 '자명하지' 않게 된 것이다. 인간의 이성과 양심은 진공상태에서 작동하는 것이 아니다. 그것들이 자율적이라는 주장은 지지할 수 없다. 그런 것은 본인의 생각과 경험 이전에 이미 작동 중인 여러 요인에 의해 형성되기 때문이다. 즉 각 사람의 이성과 양심이 어떻게 작동하는가 하는 것은 근본적으로 그 사회가 들려주는 이야기에 의해 좌우되기 마련이라는 말이다.

17세기와 18세기에 일어난 유럽인의 의식의 대전환은 이렇게 묘사할 수도 있다. 그것은 믿을 만한 진리를 찾는 장소가 이야기로부터 초시간적인 법칙들로 바뀐 것이라고 말이다. 뉴턴의 모델에서는 우주가 역사를 갖고 있지 않다. 질량과 운동의 법칙은 영구적으로 작동하는 것이다. 이런 법칙이 믿을 만한 진리의 모델이 되었다. 원칙적으로 초시간적인 수학 공식으로 진술될 수 있는 그런 유의 진리에 한해 **과학**이란 단어를 붙일 수 있었다. 이런 의미에서 역사상 우발적 사건인 진리는, 레싱의 말처럼, 아무런 타당성이 없다. 그런즉 믿을 만한 지식은 과학적이어야 했고, 이런 유의 지식을 추구하는 데 계시에 근거한 믿음은 들어설 자리가 없었다. 주의 깊은 관찰과 합리적인 자료 정리는 지식을 위한 필수 조건이었다. 데카르트가 고전적으로 정교하게 설명한 소위 '과학적 방법'은 믿을 만한 지식에 이르는 길이 되었던 것이다.

그런데 데카르트의 방법이 결코 발견할 수 없는 것이 한 가지 있는데 바로 목적이라는 것이다. 만일 그런 것이 존재한다면 이는 모든 우주의 메커니즘이 존재하는 이유이기도 하다. 이유는 분명하다. 목적이란 그것이 성취될 때까지 그것을 품은 사람의 정신 속에 숨겨져 있다. 그것이 완전히 성취되었을 때에야 그 결과물을 과학적 방법으로 연구할 수 있게 된다. 그 시점이 이르기 전에는 그럴 수 없다. 목적은 그것을 품은 사람이 그것을 드러내 보일 때에만 알 수 있다. **만일** 목적이 설명에 있어 꼭 필요한 범주라면, 계시는 믿을 만한 지식의 필수 불가결한 원천이라 할 수 있다.

근대 과학 운동의 여명에 프란시스 베이컨이 인과의 개념은 설명의 범주에 포함시켰으나 목적 개념은 배제시킨 것이 훗날의 발전에 그 무엇보다도 큰 영향을 미쳤다. 서로 다른 사물들 간의 인과 관계는 관찰과 추론으로 발견할 수 있으나, 목적은 그런 식으로 발견할 수 없다. 그런데 만일 우리가 그 가운데 작동하는 인과관계의 고리들만 이해하고 그것이 존재하는 목적에 대한 실마리를 갖고 있지 않다면, 그것을 완전히 이해했다고 하기 어렵다. 그런 사고방식의 결과 아주 이상한 상황이 벌어졌다. 과학적 방법이 낳은 수많은 '계몽된' 사람들은, 우주를 가장 잘 이해하려면 그것을 만든 존재가 없으며 또 그것을 아무 목적도 없는 거대한 기계로 보아야 한다고—이제까지 그런 기계는 존재한 적이 없는데도 불구하고—믿게 된 것이다. 이보다 더 자기모순적이고 비합리적인 믿음은 도무지 상상하기 어려울 정도다.

우리 상황을 묘사하는 이런 그림은 망가지고 말았다. 근대성의 개념이 미처 인식되지 않는 가정의 수준에서 아직까지 상당한 영향력을 미치고 있지만, 갈수록 많은 사람이 레싱이 말한 소위 '영원한 이성적 진리'에 대한 확신을 잃어가고 있다. 영원하고 궁극적인 진리는 알 수 없는 것이며, 그것을 안다는 주장은 단지 권력에의 의지를 행사하는 것이다. 그런 주장이 제기되면, 우리는 '그것이 참인가?' 하고 묻지 않고, '그 주장은 누구의 이익을 위해 제기되는 것인가? 그것은 무슨 기반을 갖고 있는가? 누가 그것으로 이득을 보려고 하는가?' 하고 묻는다.

이와 같은 상황에서, 그리스도인이 복음의 권위를 주장할 때 그 내용이 영원하고 의심할 수 없는 진리라는 식으로 내세우는 일은 크나큰 잘못이다. 복음을 통해 우리에게 주어진 하나님에 관한 지식은, 믿음의 문제이지 의심할 수 없는 확실성의 문제가 아니다. 이렇게 말하면 일부 그리스도인은 이로써 상대주의와 주관주의에 문을 열어주는 셈이라고 크게 우려하며 반발한다. 그런데 이런 반발은 저항해야 마땅하다. 그것은 전형적인 근대주의적 환상, 즉 우리가 그 어떤 '주관적' 요소의 오염에서도 완전히 차단된 그런 **객관적** 지식을 얻을 수 있다는 착각에 사로잡힌 상태에서 나오는 것이기 때문이다. 일부 보수적 그리스도인은 복음의 객관적 진리성을 주장해야만 그 권위를 인정할 수 있는 듯이 생각한다.

이런 태도가 미치는 가장 심각한 악영향은, 하나님을 아는 지식을 하나님의 은혜로부터 단절시키는 잘못을 범하게 하는 것이다. 내가 이미 주장했듯이, 하나님을 아는 지식은 오직 믿음으로 말미암아 은혜로 얻는 것이다. 주관주의에 대한 우려로 말미암아 이 지식에 내포된 지극히 인격적인 요소를 제거하려는 시도는 복음과 거리가 먼 경직된 합리주의만 낳을 뿐이다. 물론 우리가 복음을 전할 때에는 우리가 믿는 내용의 객관성을 주장해야 하지만, 그것은 어디까지나 우리 자신의 느낌이 아니라 '우리 자신을 뛰어넘는' 실재들에 관해 얘기하고 있다는 뜻이다.

그러나 하나님은 데카르트처럼 과학적 방법을 동원하여 조사할 그런 대상(object)이 아니다. 하나님은 순전히 은혜로 우리를 불러 그분을 믿는 믿음을 가지라고 촉구하는 지극히 높은 주체(Subject)이시다. 따라서 우리는 두 종류의 확실성에 대해 얘기할 수 있을 것 같다. 데카르트가 추구했고 근대성이 계속해서 추구해 온 그런 유의 확실성, 내가 의심할 수 없는 진리를 소유

할 때에 갖게 되는 그런 확실성이 존재한다. 그리고 다음과 같은 사도 바울의 말로 표현된 이런 유의 확실성도 있다. "내가 믿는 자를 내가 알고, 또한 내가 의탁한 것을 그 날까지 그가 능히 지키실 줄을 확신함이라"(딤후 1:12). 여기에 나오는 확실성은 내가 앎의 주체로서 가진 능력에 달려 있지 않고, 내가 알기 위해 배운 그분의 신실함에 달려 있으며, 여기서 앎이란 우리가 추호의 의심도 없이 완전히 알게 될 그날을 바라보는 믿음의 문제라고 할 수 있다.

성경의 권위에 관해 논할 때 늘 따르는 위험이 있다. 그것은 문화에서 통용되는 권위의 개념을 갖고 시작해서 성경이 그런 유의 권위를 갖고 있는지 여부를 묻는 일이다. 데카르트의 방법에 의해 타당성이 입증된 진리 주장들만 권위 있는 것으로 받아들이는 문화에서는, 기독교 변증가들도 일부 보수적인 그리스도인이 그랬듯이 그런 함정에 빠지기 쉽다. "예수는 주님이시다"라고 말할 때, 주되심의 정의를 예수님으로부터 끌어옴으로써 문화에서 통용되는 주되심의 개념을 전복해야 하는 것처럼, 성경을 '하나님의 말씀'이라고 할 때도 성경 자체로부터 하나님이 어떤 유의 말씀을 하시는지를 배워야 한다.

성경이 스스로 말하도록 허용하고, 우리의 마음이 들음으로 인해 변화되도록 마음 문을 열어야 한다. 이렇게 할 때에야 이성과 양심이 완전히 개입되는 그런 토론에 깊이 들어가게 될 것이다. 성경은 다음 세 가지 요건이 갖추어질 때 그 권위를 행사하게 된다. 믿음의 공동체, 성령의 교통하심, 그리고 스스로를 계속 이어지는 토론에 참여하도록 강요하는 게 아니라 허용하는 것 등이 그것이다. 그리고 이 토론은 교회가 자기의 사명에 따라 하나님의 위업을 신실하게 증언하는 통로가 된다.

우리가 갖고 있는 진리의 모델이 뉴턴의 우주론이 제시하는 것, 즉 영원한 법칙의 지배를 받는 초시간적 실재들이라면, 믿음은 기껏해야 지식에 이르는 길목에 놓인 예비 단계에 불과하다. 그 목표는 믿음이나 의심의 여지를 전혀 남겨 놓지 않는 총체적 지식(total knowledge)일 수밖에 없다. 반면에, 진리 모델이 우리도 그 일부를 이루는 이야기 안에 구현되어 있다면, 얻을 수 있는 유일한 지식은 그 이야기의 창시자인 그분을 믿는 믿음으로 말미암는 것이다. 우리는 그 이야기의 일부이고, 아직 그것이 완성되는 모습을 보지 못했다. 현재 검토 가능한 것들을 모두 빠짐없이 검사한다 해도, 그것은 장래를 추측하는 데 필요한 근거 정도밖에 마련하지 못할 것이다. 우리도 그 일부를 이루는 온 우주의 목적을 알고 그래서 이 이야기에 담긴 의미를 아는 지식에 이르려면, 오직 그 목적을 만드신 분, 그 지식으로부터 스스로를 차단한 우리에게 은혜를 베푸셔서 우리를 불러 그 목적을 달성하는데 함께 동역하자고 초대하신 그분을 믿는 믿음을 통하는 길밖에 없다.

따라서 그 진리를 증언하고 그래서 복음의 권위를 단언하려면, 그 복음을 선포하는 일, 그 이야기를 들려주는 일, 그리고 우리가 교회의 삶과 예배를 통해 공동체적으로 그 이야기를 몸소 살아내는 일 밖의 다른 길이 없다. 이는 소위 '객관적 진리'의 개념을 버린다는 것을 뜻한다. 즉 인격적으로 개입되지 않는, 따라서 우리의 전 생애를 헌신할 필요가 없는 그런 일련의 초시간적 명제들 안에서 객관적 진리를 발견하려는 노력을 그만두는 것이다. 그것은 진리를 발견하는 길이 진리 그 자체이신 그분과 더불어 제자의 삶을 살기로 다짐하는 데만 있음을 인정한다는 뜻이다. 우리는 그 이야기를 들려주고 또 삶으로 살아내야 한다.

이것이 신학의 과제와 관련하여 엄청난 함의를 갖고 있다는 것은 굳이 말할 필요도 없다. 근대라 불리는 시대에는 신학이 대체로 근대성의 지배를 받는 학문 기관에 포로가 되어 있었다. 그와 같은 기관에서는, 거기서 가르치는 내용이 소위 '고백적' (confessional) 신학이라 불리는 것과 구별되어야 한다는 소리를 자주 듣곤 한다. 이 말에 담긴 의미는, 교회에서 하는 것과 달리 여기서는 신학이 다루는 주제들에 대해 '과학적' 진술을 제공한다는 것이다.

여기서 다시 한 번, 지식의 주체의 인격적 헌신이 완전히 배제된 그런 유의 객관성을 추구하는 근대적 환상을 보게 된다. 이에 대해 일부 그리스도인은 그런 소리에 귀를 막고, 성경의 무오성 교리에 기초한 다른 종류의 객관성을 개발하고픈 유혹을 받는다. 그러나 이것은 해결책이 될 수 없다. 정작 해야 할 일은 성경 이야기를 모든 지식의 유일한 실마리로 단언하고, 학문 세계에 들어가 그들이 갖고 있는 근대성의 가정에 공개적으로 도전하는 것이다.

마지막으로 한 가지 더 지적할 점이 있다. 만약 오늘과 같은 포스트모던 세계에서 우리의 이야기를 들려주면, 누군가가 이렇게 맞장구를 칠 것이다. "얼마든지 좋다고. 그건 당신의 이야기야. 그런데 다른 이야기들도 있지. 우리가 굳이 그 이야기를 믿을 이유가 있어?" 이에 대해 우리 그리스도인은 어떻게 반응해야 할까? 우리가 분명히 피해야 할 유혹은, 복음의 이야기가 타당하다는 것을 입증해 줄 그 무엇, 즉 그보다 더 근본적이고 더 믿을 만한 진리를 제시하려고 하는 것이다.

결국 우리가 줄 수 있는 유일한 응답은 이런 것이 아닐까 한다. "나는 이 메시지를 전하라고, 이 이야기를 들려주라고, 이 초대장을 돌리라고 부름을 받고 위탁을 받았을 뿐이오. 이것은 내가 공로로 받은 것이 아니오. 그것은 내 이야기도 아니고, 내가 초대하는 것도 아니오. 또 강제로 집행할 의향도 없소. 그것은 당신을 사랑하고 당신을 위해 자기 몸을 버리신 그분으로부터 온 초대장이오." 만일 이 초대장이 그 구세주의 은혜가 힘 있게 역사하는 그런 공동체로부터 온다면, 상당히 매력적일 것이다. 상대방이 그것을 수용할지 말지는 우리의 능력을 넘어서는 문제다. 이에 대해 초조해하고 안달하는 것은 불신의 표시다. 우리가 아니라 초대하시는 분이 그 모든 것을 주관하고 있다. 케네스 크랙(Kenneth Crag)은 불안한 증언(anxious witness)은 어불성설이라고 말한 바 있다. 우리의 몫은 그 이야기를 들려주고 그것을 신실하게 살아내는 일이다. 나머지는 하나님의 손에 달려 있다. 중요한 문제는 내가 성공하느냐가 아니라, 하나님이 영광을 받는 것이다.

인용 문헌

Baily, Kenneth E. 1992. *Finding the Lost*. St. Louis: Concordia Publishing House.

Brown, Raymond E. 1966. *The Gospel According to John*. Anchor Boble. Garden City: Doubleday and Co.

Buckley, Michael. 1987. *At the Origins of Modern Atheism*. New Haven: Yale University Press.

Clouser, R. A. 1991. *The Myth of Religious Neutrality*. Notre Dame: Notre Dame University Press.

Finkielkraut, Alain. 1998. *The Undoing of Thought*. Trans. Dennis O'Keeff. London: Claridge Press.

Flannery, Austin, O.P. 1992. *Vatical Council II : The Conciliar and Post Conciliar Documents*. Grand Rapids: Wm. B. Eerdmans Publishing Co. New revissed edition.

Lindbeck, George A. 1984. *The Nature of Doctrine*. Philadelphia: Westminster Press.

Polanyi, Michael. 1958 *Personnal Knowledge: Towards a post-Critical Philosophy*. London: Routledge & Kegan Paul. 「개인적 지식」(아카넷).

Puddefoot, John. 1987. *Logic and Affirmation*. Edinburgh: Scottish Academic Press.

옮긴이 **홍병룡**은 연세대학교 정치외교학과와 동 대학원을 졸업했으며, IVP 대표 간사로 일했다. 캐나다 리젠트 칼리지(MCS)와 기독교학문연구소(Institute for Christian Studies), 호주국립대학에서 공부했다. 현재 전문 번역가로 일하고 있으며, 지금까지 「여성, 그대의 사명은」, 「소명」, 「정의와 평화가 입맞출 때까지」, 「다원주의 사회에서의 복음」, 「그리스도와 문화」, 「헬라인에게는 미련한 것이요」, 「코끼리 이름 짓기」(이상 IVP), 「완전한 진리」(복있는사람), 「서로서로 세우자」(생명의말씀사) 등 다수의 책을 번역했다.

누가 그 진리를 죽였는가

초판 발행 2005년 9월 10일 | 초판 2쇄 2005년 12월 30일
개정판 발행 2011년 7월 20일 | 개정판 3쇄 2025년 12월 15일

지은이 레슬리 뉴비긴
옮긴이 홍병룡
펴낸이 정모세

편집 이성민 이혜영 심혜인 설요한 박예찬
디자인 한현아 서린나 | 마케팅 오인표 | 영업·제작 정성운 이은주 조수영
경영지원 이혜선 이은희 | 물류 박세율 정용탁 김대훈

펴낸곳 한국기독학생회출판부 | 등록번호 제2001-000198호(1978.6.1)
주소 04031 서울시 마포구 동교로 156-10
대표 전화 (02) 337-2257 | 팩스 (02) 337-2258
영업 전화 (02) 338-2282 | 팩스 080-915-1515
홈페이지 http://www.ivp.co.kr | 이메일 ivp@ivp.co.kr
ISBN 978-89-328-1247-2

ⓒ 한국기독학생회출판부 2011

책값은 뒤표지에 있습니다.
무단 전재와 복제를 금합니다.